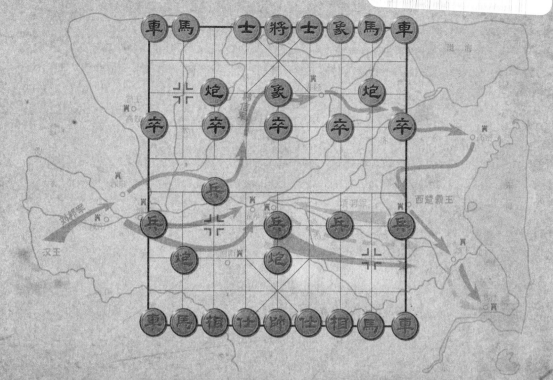

仙人指路对卒底炮
红方补左中炮

范思远 编

经济管理出版社·棋书中心

图书在版编目（CIP）数据

仙人指路对卒底炮红方补右中炮/范思远编 . —北京：经济管理出版社，2014.4
ISBN 978-7-5096-2999-4

Ⅰ.①仙…　Ⅱ.①范…　Ⅲ.①中国象棋—对局（棋类运动）　Ⅳ.①G891.2

中国版本图书馆 CIP 数据核字（2014）第 040947 号

组稿编辑：郝光明　张　达
责任编辑：郝光明　史岩龙
责任印制：黄章平
责任校对：超　凡

出版发行：经济管理出版社
　　　　　（北京市海淀区北蜂窝 8 号中雅大厦 A 座 11 层　100038）
网　　址：www. E-mp. com. cn
电　　话：（010）51915602
印　　刷：保定金石印刷有限公司
经　　销：新华书店
开　　本：720mm×1000mm/16
印　　张：14.5
字　　数：232 千字
版　　次：2014 年 5 月第 1 版　2014 年 5 月第 1 次印刷
印　　数：1-5000 册
书　　号：ISBN 978-7-5096-2999-4
定　　价：38.00 元

总　序

具有初、中级水平的棋友，如何提高棋力？这是大家关心的问题。

一是观摩象棋大师实战对局，细心观察大师在开局阶段怎样舒展子力、部署阵型，争夺先手；在中局阶段怎样进攻防御，谋子取势、攻杀入局；在残局阶段怎样运子，决战决胜，或者巧妙求和。从大师对局中汲取精华，为我所用。

二是把大师对局按照开局阵式分类罗列，比较不同阵式的特点、利弊及对中局以至残局的影响，从中领悟开局的规律及其对全盘棋的重要性。由于这些对局是大师们经过研究的作品，所以对我们有很实用的价值，是学习的捷径。

本丛书就是为满足广大棋友的需要，按上述思路编写的。全套丛书以开局分类共51册，每册一种开局阵式。读者可以选择先学某册开局，并在自己对弈实践中体会有关变化，对照大师对局的弈法找出优劣关键，就会提高开局功力，然后选择另一册，照此办理。这样一册一册学下去，掌握越来越多的开局知识，你的开局水平定会大为提高，赢棋就多起来。

本丛书以宏大的气魄，把象棋开局及其后续变化的巨大篇幅展示在读者面前，是棋谱出版的创举，也是广大棋友研究象棋的好教材，相信必将得到棋友们的喜爱。

黄少龙

2013. 11. 6

前　言

起手红方走兵七进一或兵三进一，含有投石问路的性质。它可以根据对方的不同应法，采取针对性的变化，灵活地演变成中炮、屏风马、反宫马、单提马等多种阵式。因其变化多端，意向莫测，故称为仙人指路。

经过历代棋手的不断研究，仙人指路布局已成为当今最为庞大的布局体系之一。其变化之多、棋路之宽，已经可以和久负盛名的中炮布局相提并论。

实战中，应对仙人指路的后手变化有很多，其中卒底炮是最为常见的变化。卒底炮的优势在于平炮卒底，可以限制红方同侧马的顺利跳出，是最具对抗性的应着，有"小当头"与"一声雷"的美誉。

本书所研究的范围是仙人指路对卒底炮这一布局变例中的一个主要分支，即仙人指路对卒底炮红方补右中炮变例。这一布局的特点是，当黑方走出卒底炮后，已经不能用屏风马进行防御，因此，红方采用中炮攻势，意在先发制人，这种节奏鲜明的攻法成为布局中的一个主流。面对红方咄咄逼人的攻势，后手方或以飞象、或以进马等方式应对，双方攻守复杂。

本书所选的例局多是特级大师或象棋大师的对局，选局时以精彩和具有典型变化的棋局为主，对局的结果也是以分胜负为主，和局结果的不多。排列是按回合的数量为顺序进行编排。这些顶尖棋手的对局，为初、中级爱好者提供了非常好的学习素材。

由于作者水平有限，不到之处在所难免，敬请读者提出宝贵意见。

在编写过程中，多次得到特级大师蒋川、大师潘振波、大师郝继超的指导，并得到白殿友、丰鹤、李冠男等棋手的大力帮助，在此表示感谢。

范思远

2013 年 12 月 8 日于辽阳

目　录

目 录

第一章　黑方补右象强过3卒变例

第1局　郑一泓胜赵国荣

1. 兵七进一　炮2平3	2. 炮二平五　象3进5
3. 马二进三　卒3进1	4. 车一平二　卒3进1
5. 马八进九　车9进1	6. 车九平八　车9平4
7. 炮五进四　士4进5	8. 炮五平一　马8进9
9. 车二进四　卒3进1	10. 炮八平四　卒3平4（图1）
11. 炮四进六！车4进3	12. 车八进八！车4平6
13. 炮四平一　车6进3	14. 马三退一　车6平3
15. 相三进五　卒4平5	16. 马九退八！车3退3
17. 车二平八　卒5进1	18. 相七进五　象5退3
19. 后炮退二　马9进8	20. 后炮平五　炮3平5
21. 炮一进一　马8退6	22. 炮五进二！车3平5
23. 前车平五！马6退5	24. 车八平四！（图2）

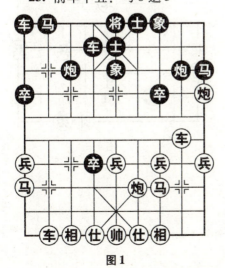

图1　　　　　　　　　　　　图2

第2局　许银川胜蒋川

1. 兵七进一　炮2平3
2. 炮二平五　象3进5
3. 马二进三　卒3进1
4. 车一平二　卒3进1
5. 相七进九　卒3进1
6. 马八进六　卒3进1
7. 炮八进四　马2进4
8. 马六进七　马8进9
9. 仕六进五　车1平2
10. 炮八平三　炮8平7
11. 炮三退二　车9平8
12. 车二进九　马9退8
13. 车九平六　马4进6（图3）
14. 马七进六　马6进7
15. 马六进四！炮7平6
16. 车六进五！象7进9
17. 兵五进一　士6进5
18. 兵五进一！车2进6
19. 兵五进一！马7退5
20. 车六平五！车2退3
21. 炮五进四　马8进6
22. 炮三进三！卒3进1
23. 马三进五　炮6进7
24. 炮三平七　马6进5
25. 帅五平四（图4）

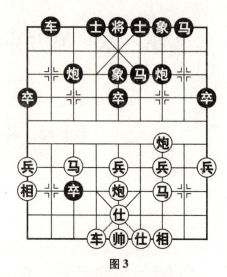

图3

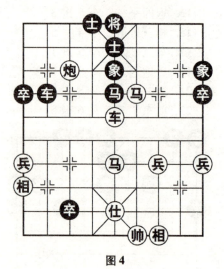

图4

第3局 蒋川胜徐天红

1. 兵七进一　炮2平3
2. 炮二平五　象3进5
3. 马二进三　卒3进1
4. 马八进九　卒3进1
5. 车一平二　车9进1
6. 炮五进四　士4进5
7. 兵五进一　车9平6
8. 马三进五　车6进4
9. 炮八平五　马8进7
10. 前炮平一　炮8平9
11. 炮一退二　马2进4（图5）
12. 车九平八　马7进5？
13. 车二进五　车6进1
14. 马五进七　车6平7
15. 兵五进一　马5进7
16. 仕六进五　车7进3
17. 马七进六　车7退3
18. 车八进八　马7进8
19. 炮一平三！车7退1
20. 车二退二　车1平4
21. 马九进七　车7平4
22. 马七进八　炮3进2
23. 兵五平六！马4进5
24. 马六进七　后车进1
25. 兵六平七　炮9退1
26. 车二进五（图6）

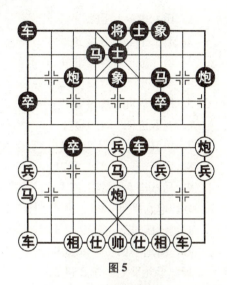

图5

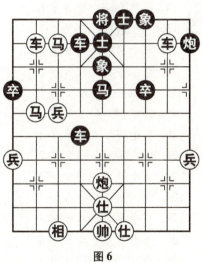

图6

第4局　王天一胜陶汉明

1. 兵七进一　　炮2平3
2. 炮二平五　　象3进5
3. 马二进三　　卒3进1
4. 车一平二　　卒3进1
5. 相七进九　　车9进1
6. 炮五进四　　士4进5
7. 兵五进一　　马2进4
8. 兵五进一　　车1平2
9. 马八进六　　卒3进1
10. 炮八平五　　卒3平4（图7）
11. 仕四进五　　卒9进1
12. 前炮平四!　马8进9
13. 车九平七　　车2进3
14. 兵五平四　　炮8平6
15. 车二进四　　卒7进1
16. 车七进四　　马9退7
17. 车二平六　　马4进2
18. 炮四平六!　车2进1
19. 炮六退一!　车9退1!
20. 车七进二　　炮3平4
21. 炮六平五　　车2平2
22. 车七进二　　车9进3
23. 前炮进三!　士6进5
24. 车七平五　　将5平4
25. 车五平三　　车9平4
26. 车六平七　　卒4进1
27. 车七进四!（图8）

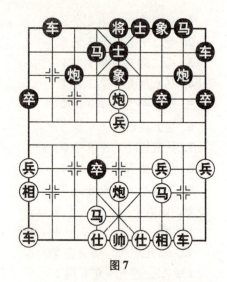

图7

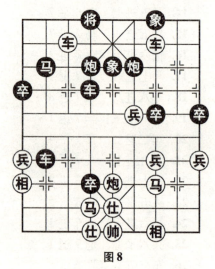

图8

第5局　孙勇征负程吉俊

1. 兵七进一　炮2平3
2. 炮二平五　象3进5
3. 马二进三　卒3进1
4. 马八进九　卒3进1
5. 车九平八　车9进1
6. 仕六进五　车9平4
7. 炮五进四　士4进5
8. 炮五平一　炮8平9！
9. 车一平二　马8进7
10. 炮一退二　马7进5
11. 炮八平四　车4进5（图9）
12. 炮四进一　车4退2
13. 炮四退一　车4进2
14. 炮四进一　车4退2
15. 炮四退一　马2进4
16. 兵三进一　卒7进1
17. 车二进四　炮9平7！
18. 马三退一　车4进2
19. 兵三进一　马5进7
20. 炮一平七　车4平5
21. 相三进五　马4进5
22. 炮七退三　车1平4
23. 仕五进六？炮3进7！
24. 车八平七　车5进1
25. 仕四进五　马7进5
26. 马一进二　炮7进4！
27. 炮四退一　前马进4
28. 炮七平六　车4进6！（图10）

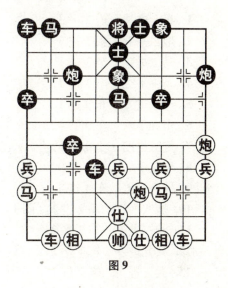

图9

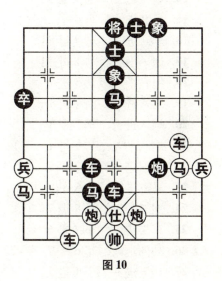

图10

第6局　洪智胜谢靖

1. 兵七进一　炮2平3
2. 炮二平五　象3进5
3. 马二进三　卒3进1
4. 车一平二　卒3进1
5. 马八进九　车9进1
6. 车九平八　车9平4
7. 炮五进四　士4进5
8. 炮五平一　马8进9
9. 仕六进五　车4进4
10. 炮八平六　马2进1（图11）
11. 相三进五　卒3平2
12. 兵九进一　车1平2
13. 兵三进一　卒2进1
14. 炮一退二　车4退1
15. 马九进八！　车4平2
16. 车八进三　马9进8！
17. 炮一平二！　马1进3！
18. 炮六平八　马3进2
19. 车八进一　前车进1
20. 炮八进七　车2退1
21. 炮八平九　卒1进1
22. 兵三进一！　车2平7
23. 马三进四　炮8平9
24. 炮二平三　马8退7
25. 车二进六　车7平6
26. 马四退六　车6平7
27. 兵五进一　卒1进1
28. 兵五进一　炮9进2?
29. 炮九退四（图12）

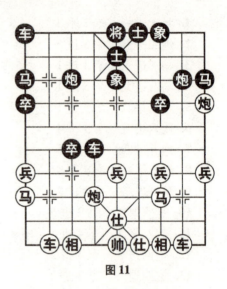

图11

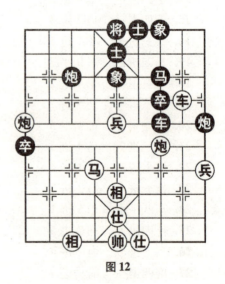

图12

第7局 汪洋负蒋川

1. 兵七进一 炮2平3
2. 炮二平五 象3进5
3. 马二进三 卒3进1
4. 车一平二 卒3进1
5. 马八进九 车9进1
6. 车九平八 车9平4
7. 炮五进四 士4进5
8. 炮五平一 马8进9
9. 车二进四 卒7进1
10. 车二平七 车4进2
11. 炮一退二 马2进4
12. 仕六进五 车1平2（图13）
13. 相三进五 马9进8
14. 炮一平二！马4进3
15. 车七平五！炮8进3
16. 车五平二 车4进5
17. 炮八进五！车2平4！
18. 炮八进二 后车进3
19. 炮八平九 将5平4
20. 马三退二！马8退7
21. 车二平四 卒7进1
22. 兵三进一 马7进8
23. 车四进一 马3进4！
24. 车四平七 后车退1
25. 车七退四 马4进5
26. 车七平六 车4进6
27. 仕五进四 象5进3
28. 仕四进五 炮3平5！
29. 兵三进一 马8进9！（图14）

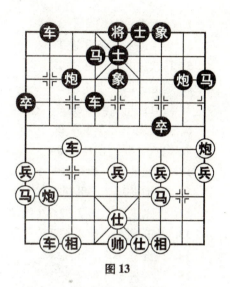

图13

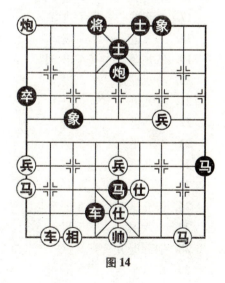

图14

第 8 局　蒋川胜才溢

1. 兵七进一　炮 2 平 3
2. 炮二平五　象 3 进 5
3. 马二进三　卒 3 进 1
4. 车一平二　卒 3 进 1
5. 马八进九　车 9 进 1
6. 炮五进四　士 4 进 5
7. 兵五进一　马 2 进 4
8. 兵五进一　车 1 平 2
9. 炮八平五　车 9 平 6
10. 马三进五　车 6 进 4
11. 前炮平一　马 8 进 9
12. 仕六进五　车 2 进 6 （图 15）

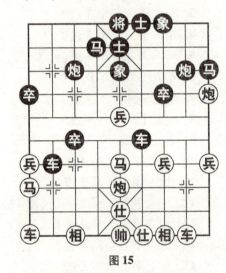

图 15

13. 马五进六　炮 8 平 7
14. 兵五进一　车 6 平 4
15. 马六进七　炮 7 平 3
16. 车九平八　卒 3 进 1
17. 兵五进一　象 7 进 5
18. 车二进五　车 2 进 3
19. 马九退八　马 4 进 3！
20. 马八进九　卒 3 进 1
21. 兵九进一　卒 7 进 1
22. 车二进一　马 3 进 5
23. 车二平八　将 5 平 4
24. 马九进八　炮 3 进 7
25. 炮一平六　车 4 平 3？
26. 炮五进五　马 5 进 6
27. 炮六退三　卒 3 进 1
28. 炮五退五　马 9 进 8？
29. 车八平六　士 5 进 4
30. 车六进一 （图 16）

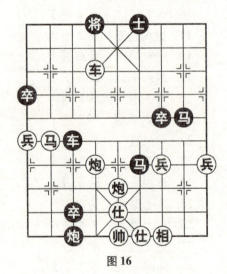

图 16

第9局　徐天红胜陶汉明

1. 兵七进一　炮2平3
2. 炮二平五　象3进5
3. 马二进三　卒3进1
4. 马八进九　卒3进1
5. 车一平二　车9进1
6. 车九平八　车9平4
7. 仕六进五　车4进4
8. 炮五进四　士4进5
9. 炮八平六　马8进9
10. 相三进五　卒3平2（图17）
11. 兵九进一！卒2平1
12. 马九进七　马2进4
13. 炮五平一　车4进1
14. 马七进九　卒1进1
15. 马九进七！车4退2
16. 炮六进六　车4平3
17. 炮六退六　车3平9
18. 车二进六　炮8平7
19. 车八进六　炮7进4
20. 炮一平三　车9平7
21. 炮三平五　卒1进1
22. 兵五进一　卒1进1
23. 炮五退一　炮3平4
24. 炮六进三！车7退2
25. 马三进五　车1平3
26. 仕五退六！炮4退2
27. 仕四进五　车7平6
28. 车二平七　车3进3
29. 车八平七　车6进4
30. 马五进七　炮7退3
31. 炮六进二！炮7退2
32. 炮六平九（图18）

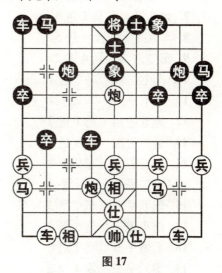

图 17

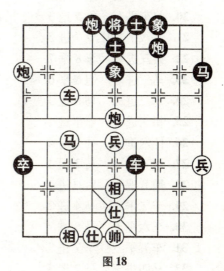

图 18

第10局 汪洋胜张强

1. 兵七进一　炮2平3
2. 炮二平五　象3进5
3. 马二进三　卒3进1
4. 车一平二　卒3进1
5. 相七进九　卒3进1
6. 马八进六　卒3平2
7. 炮八平六　马2进4
8. 车九平七　士4进5
9. 车二进四　马4进2
10. 车七进六　马2进1
11. 车七平八　卒2平1
12. 炮五进四　马1进2
13. 炮六进四　马8进7
14. 炮五退一　车9平8（图19）

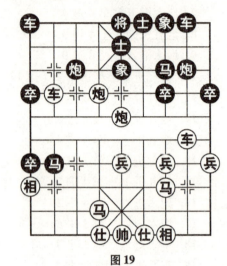

图19

15. 车二平八！车1平4
16. 炮五平六　车4平3
17. 前车进三　炮3平4
18. 后炮平五　马7进5
19. 炮六平三　炮4退2?
20. 前车平七　象5退3
21. 车八平二！象7进5
22. 兵三进一　车8平7
23. 马三进四　炮8平6
24. 车二进二　马5进3
25. 相三进五　前卒进1
26. 仕六进五　马2退4
27. 炮三退一　马3退4
28. 炮五退一　后马进5
29. 车二平六　马4进2
30. 车六平五　马5进7
31. 车五平三！车7进3
32. 马四进三　马2退3
33. 马三进五！（图20）

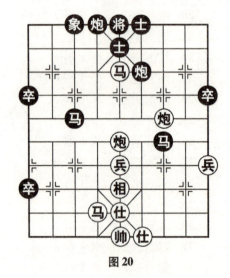

图20

第 11 局　潘振波负赵国荣

1. 兵七进一　炮2平3　　　　2. 炮二平五　象3进5

3. 马二进三　卒3进1　　　　4. 车一平二　卒3进1

5. 马八进九　车9进1　　　　6. 车九平八　车9平4

7. 炮五进四　士4进5

8. 炮五平一　马8进9

9. 仕六进五　炮8平7

10. 炮八平六　卒7进1（图21）

11. 相三进五　车4进2

12. 炮一退二　车4平3！

13. 兵九进一　卒3进1

14. 车二进四　卒3进1

15. 马九进八　车3进1

16. 炮六进一　卒3进1

17. 相七进九　卒7进1！

18. 车二平三　马2进4

19. 马三退一　马4进5

20. 车三平五　马5进7

21. 车五平六　车1平2

22. 炮一平二　马7退5

23. 车六平五　马9进7

24. 炮二平三　马7进6

25. 相五退三　炮7平8

26. 炮六进一　马5进4

27. 车五平六　炮8进3！

28. 车八进二　马6退5

29. 车六进二　车2进5

30. 车八进二　炮8平2

31. 车六平五　炮2进4

32. 车五平六　炮2平1

33. 仕五进四　车3平2（图22）

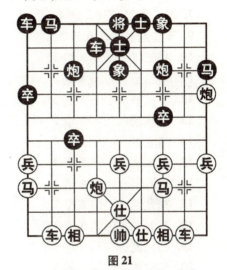

图 21

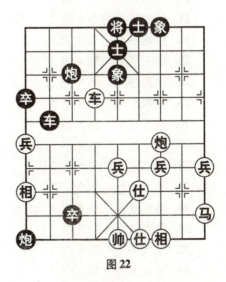

图 22

第12局　许银川和孙勇征

1. 兵七进一　炮2平3
2. 炮二平五　象3进5
3. 马二进三　卒3进1
4. 相七进九　卒3进1
5. 相九进七　车9进1
6. 炮五进四　士4进5
7. 车一平二　马2进4
8. 炮五退二　车9平6
9. 车二进五　车6进5
10. 兵三进一　卒7进1!
11. 车二平三　马8进7
12. 车三平六　马4进5
13. 马八进六　车6退2（图23）
14. 炮五进一　车1平4
15. 车六进四　将5平4
16. 炮八平五　炮8进1
17. 车九进二　炮8平7
18. 车九平六　炮3平4
19. 马三退一　马5进3
20. 车六进一　马7进5
21. 仕四进五　马3退2
22. 后炮平六　马2进4
23. 炮五平六!　炮4进2
24. 炮六进三　马4进2
25. 炮六平五　将4平5
26. 兵五进一　马5退3
27. 马一进二　炮7平5!
28. 马二退四!　炮5进2
29. 马四进五　车6平5
30. 马五退四　马3进5
31. 马六进八　马5进3
32. 车六平二　车5退1
33. 相七退五　马2退3
34. 马八进七　后马退1（图24）

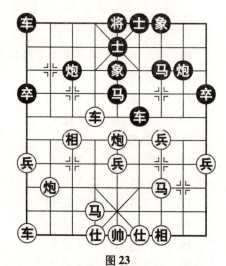

图23

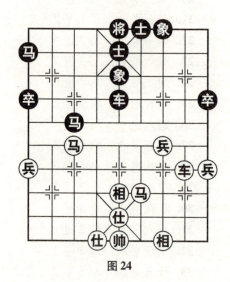

图24

第13局 蒋川胜申鹏

1. 兵七进一	炮2平3	**2.** 炮二平五	象3进5
3. 马二进三	卒3进1	**4.** 马八进九	卒3进1
5. 车九平八	车9进1	**6.** 车一平二	车9平4
7. 炮五进四	士4进5	**8.** 炮五平一	马8进9

9. 车二进四　卒7进1

10. 车二平七　车4进2

11. 炮一退二　马2进4

12. 仕六进五　车1平2

13. 相三进五　马9进8（图25）

14. 炮一平二!　马4进3

15. 车七平四　炮8进3

16. 车四平二　车4进5

17. 炮八进五　车2平4

18. 车二进一　马3进4

19. 车八进二!　象5进3

20. 炮八进二　后车进3

21. 炮八平九　马4进5

22. 车八进七　士5退4

23. 马三退二!　炮3平5

24. 车八退八　士4进5

25. 车八平六　车4平5

26. 车二平三　马5进7

27. 马二进四　车4退2

28. 车三平五　炮5进4

29. 仕五进六　炮5平9

30. 车五平七　将5平4

31. 兵九进一　车4进1

32. 马九进八!　车4进2

33. 帅五进一　马7退6

34. 帅五进一　马6退4

35. 帅五平四（图26）

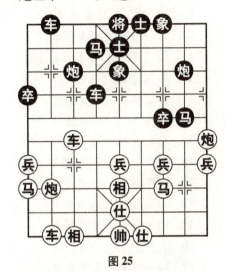

图 25

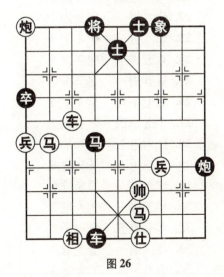

图 26

第14局 蒋川负庄玉庭

1. 兵七进一　炮2平3
2. 炮二平五　象3进5
3. 马二进三　卒3进1
4. 马八进九　卒3进1
5. 车一平二　马2进4
6. 车九平八　士4进5
7. 炮八平六　马4进3
8. 炮五进四　卒3平2！
9. 炮五退二　马8进9
10. 车二进五　车1平2
11. 兵三进一　车9平8（图27）

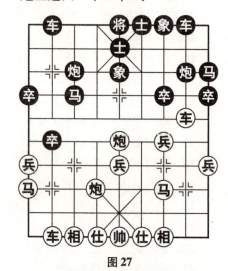

图27

12. 马九进七！炮8平7
13. 车二平六　炮3进4
14. 车六平七　卒7进1
15. 车七进一　炮3平2
16. 炮六平八！卒7进1
17. 炮八进二　炮2平4！
18. 马三退五　炮4退6
19. 相七进五　卒7平6
20. 炮五平七　卒6进1
21. 马五进七　车8进4
22. 炮八进二　卒9进1
23. 车八进三　车8平4
24. 兵五进一　炮7平5
25. 兵五进一　炮7平3
26. 炮七平九　车4平5
27. 车七退四　卒6进1
28. 仕六进五　卒6平5
29. 相三进五　马9进8
30. 炮八进一　马8进6
31. 相五进三　炮4进3
32. 车七进五　炮4平8
33. 相三退一　士5退4
34. 炮九平八　车2平3
35. 车八平七？马6进5！（图28）

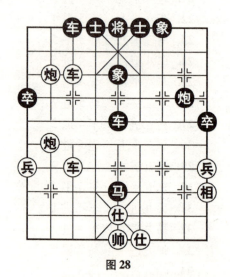

图28

第15局 洪智胜庄玉庭

1. 兵七进一 炮2平3		2. 炮二平五 象3进5
3. 马二进三 卒3进1		4. 马八进九 卒3进1
5. 车一平二 马2进4		6. 车九平八 士4进5
7. 炮八平六 马4进3		8. 炮五进四 卒3平2
9. 相七进五 马8进7		10. 炮五退二 马7进5

11. 兵三进一 车1平2（图29）

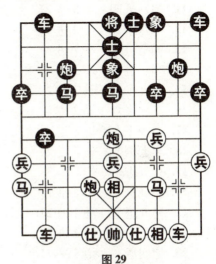

图29

12. 车二进五 车9进1
13. 车二平六 车9平7
14. 兵九进一 卒2进1
15. 车六进一 马5进4
16. 相五进七! 马4进3
17. 车八进一 炮8进1
18. 车六退一 车7平6
19. 兵三进一! 车6进5
20. 兵三进一 车6平7
21. 兵三平二 车7进1
22. 车六进一 炮3平2?
23. 车八进二 前马退2
24. 车八平七 炮2进1
25. 车六退一 炮2平8
26. 马九进八 马3进2
27. 车七平八 炮8进2
28. 仕六进五 车7进2
29. 车六平二! 炮8平3
30. 车二平七 炮3平4
31. 车七退一 炮4退1
32. 车七平八 车2进5
33. 车八进一 车7退3
34. 车八进五 炮4退4
35. 车八退六 车7退3
36. 炮六进六（图30）

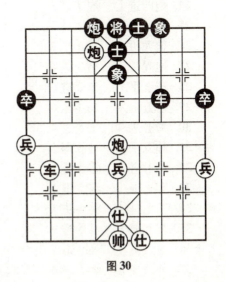

图30

第16局　孙勇征负党斐

1. 兵七进一　炮2平3
2. 炮二平五　象3进5
3. 马二进三　卒3进1
4. 马八进九　卒3进1
5. 车九平八　车9进1
6. 仕六进五　车9平4
7. 炮五进四　士4进5
8. 炮五平一　马8进9
9. 兵一进一？　车4进4（图31）
10. 兵一进一？　炮3平2
11. 炮八平四　卒3平2！
12. 车八平九　卒2进1
13. 相七进五　马2进3
14. 车一进四　车1平4
15. 车九平七　马3进2
16. 车一平六　马2进4
17. 炮一平九　炮8进4
18. 车七进七　炮2进2
19. 兵五进一　炮2平3
20. 兵九进一　卒2平1
21. 马九退七　马4退2！
22. 车七平八　马2进3
23. 炮四退一　炮3平7！
24. 炮四进七　炮7进3
25. 车八平五　车4进3
26. 炮九进二　车4平2
27. 炮九进一　马3进4！
28. 车五平七　车2进6
29. 仕五退六　马4退6
30. 帅五进一　士5进4
31. 帅五平四　马6退5
32. 车七进二　将5进1
33. 车七退一　将5退1
34. 车七进一　将5进1
35. 车七退五　马5进7
36. 炮九平三　马9退7
37. 帅四平五　将5平6（图32）

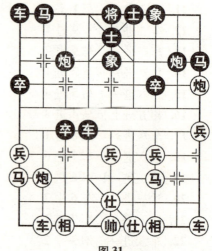

图31

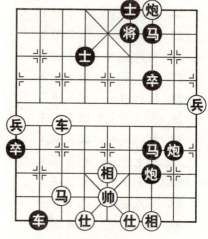

图32

第 17 局 王天一胜孙勇征

1. 兵七进一　炮 2 平 3
2. 炮二平五　象 3 进 5
3. 马二进三　卒 3 进 1
4. 车一平二　卒 3 进 1
5. 相七进九　车 9 进 1
6. 车二进四　卒 3 进 1
7. 马八进六　卒 3 进 1
8. 炮八进二　卒 3 平 4？
9. 炮五进四　士 6 进 5
10. 炮八平九！马 2 进 1
11. 马六进四　卒 1 进 1（图 33）
12. 炮九平五　马 8 进 7
13. 前炮平九　马 1 退 2
14. 炮九平八　马 7 进 5
15. 仕六进五　车 1 进 3
16. 车九平八　马 2 进 1
17. 炮八进二！士 5 退 6
18. 车二进一　炮 3 平 2
19. 车八进六！车 1 平 2
20. 炮八退二　士 6 进 5
21. 兵三进一　卒 7 进 1
22. 兵三进一　车 9 平 7
23. 兵三进一　马 5 进 4
24. 马三进四　车 7 平 6
25. 炮八平四！马 4 进 2
26. 仕五进六　马 2 进 4
27. 帅五进一　马 4 退 2
28. 后马进六　车 6 平 7
29. 炮四平七　炮 2 平 3
30. 炮七平一　炮 8 平 9
31. 马六进五　马 2 进 3
32. 马五退三　将 5 平 6
33. 车二平四　车 7 平 6
34. 车四进三　将 6 进 1
35. 兵三平四　将 6 退 1
36. 马四进三　炮 3 退 1

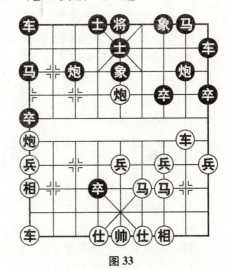

图 33

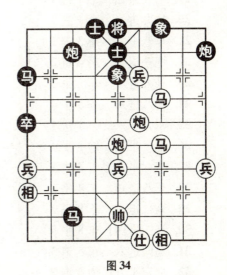

图 34

37. 炮一退一　炮9退1　　　38. 炮一平四　将6平5

39. 兵四进一!（图34）

第18局　许银川胜张强

1. 兵七进一　炮2平3　　　2. 炮二平五　象3进5

3. 马二进三　卒3进1　　　4. 车一平二　卒3进1

5. 马八进九　车9进1　　　6. 车九平八　车9平4

7. 炮五进四　士4进5

8. 炮五平一　马8进9

9. 仕六进五　车4进4

10. 炮八平六　马2进4

11. 兵三进一　车1平2

12. 车八进九　马4退2

13. 相三进五　车4退1

14. 车二进四　车4平3!（图35）

15. 兵三进一!　卒7进1

16. 炮六平七!　卒3平2

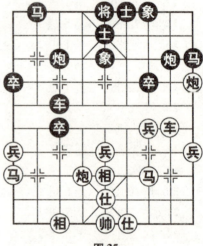

图35

17. 炮七进五　炮8平3

18. 车二平八　马2进4

19. 马三进二　卒1进1

20. 兵九进一　卒1进1

21. 车八平九　车3退1

22. 炮一退二　马4进2

23. 马九进八　车3平5

24. 马八进六　车5平4

25. 车九平六　卒7进1

26. 炮一平三　炮3平4

27. 车六平八　车4进1

28. 车八进三　车4平8

29. 马二退三　车8进2

30. 马三进四!　车8平5

31. 马四进六　车5退3

32. 炮三平九!　炮4退2

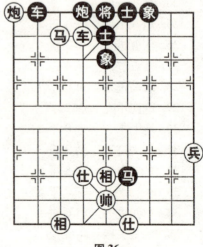

图36

33. 马六进八	车5平3	34. 炮九进二	车3退3
35. 车八进一	马9进8	36. 车八平六!	马8进6
37. 马八进七	马6进4	38. 仕五进六	马4进6
39. 帅五进一	车3平2	40. 炮九进三!（图36）	

第19局 黄海林负柳大华

1. 兵七进一	炮2平3
3. 马二进三	卒3进1
4. 车一平二	卒3进1
5. 马八进九	车9进1
6. 仕六进五	车9平4
7. 炮五进四	士4进5
8. 炮五平一	马8进9
9. 车二进四	卒3进1
10. 炮八进二	炮8平7
11. 马九进七	炮7进4
12. 相七进五	炮7平3（图37）
13. 车二平七	前炮平4
14. 车九平六	车1进2
15. 马三进四	炮4平9!
16. 马四进六	炮3进2!
17. 炮八进二	马2进3
18. 马六进四	车4进8
19. 仕五退六	炮9退2
20. 炮八平六	卒7进1
21. 炮一平二	马3退2!
22. 炮二进一	士5进6
23. 兵五进一	士6进5
24. 仕六进五	车1平2
25. 炮二退一	马2进4
26. 炮六退六	车2进4
27. 兵九进一	车2平6
28. 马四进二	车6平8

2. 炮二平五　象3进5

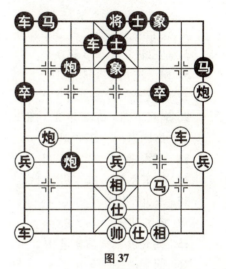

图37

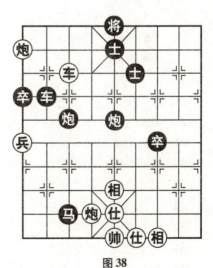

图38

29. 炮二平六　车8退4
30. 后炮进八　车8进1
31. 后炮退六　车8平2
32. 车七退一　车2进2
33. 车七平五　马9进7
34. 前炮平九　卒7进1
35. 兵五进一　马7进6
36. 兵五进一　车2退2
37. 兵五进一　象7进5
38. 车五进四　马6进4
39. 车五平七　马4进3
40. 炮六进一　炮9平5（图38）

第20局　王天一负赵国荣

1. 兵七进一　炮2平3
2. 炮二平五　象3进5
3. 马二进三　卒3进1
4. 车一平二　卒3进1
5. 相七进九　卒3进1
6. 马八进六　卒3进1
7. 炮八进二　马2进4
8. 仕六进五　车1平2
9. 炮八平四　车2进6（图39）
10. 炮四退一　车2退1
11. 马六进七　卒3平4！
12. 炮五平四　马4进3
13. 车九平六？炮3平4！
14. 车六平七　马3进4
15. 兵五进一　马8进9
16. 前炮进一　车9平8
17. 马七进六　车2进1
18. 车七进四　炮8进3！
19. 马六进四　车2平2
20. 相九退七　马4进3
21. 仕五进六　车2平3
22. 帅五进一　车3退1

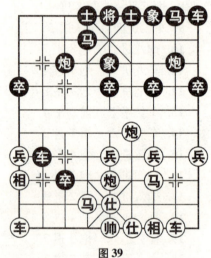

图39

23. 帅五退一　车3进1
24. 帅五进一　马3进1
25. 相三进五　车3平2
26. 帅五平四　士6进5
27. 车七退一　车2退5
28. 兵五进一　车2平5
29. 前炮平九　车5进3
30. 兵三进一　炮8退2！
31. 马四进三　马9退7
32. 炮九退三　炮8退1
33. 马三进四　车5退2
34. 炮九进五　车5平6
35. 炮九进三　象5退3
36. 车七进六　车6平2
37. 炮四平五　象7进5

38. 车七退一　车2退5　　　　39. 车七平九　车8平6

40. 帅四平五　车6进7！（图40）

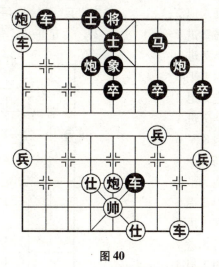

图 40

第21局　洪智胜谢岿

1. 兵七进一	炮2平3	2. 炮二平五	象3进5
3. 马二进三	卒3进1	4. 马八进九	卒3进1
5. 车一平二	车9进1	6. 车九平八	车9平4
7. 炮五进四	士4进5		
8. 仕六进五	马8进9		
9. 炮五平一	车4进4		
10. 炮八平六	马2进1		
11. 兵九进一	车1平2		
12. 车八进九	马1退2		
13. 相三进五	炮8平7（图41）		
14. 炮一退二	炮7进4		
15. 车二进三！	炮7退2		
16. 车二进一	车4平8		
17. 马三进二	炮3进7！		
18. 炮一平七	马2进3		
19. 马二进四	炮7平8		

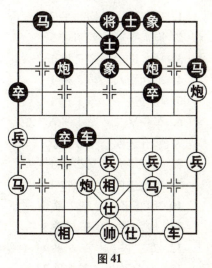

图 41

20. 仕五进四　炮 3 平 1
21. 马九进七　马 3 进 4
22. 马七进五　炮 8 退 3
23. 马五进六　马 9 进 8
24. 炮七平六　马 4 退 2
25. 兵一进一　马 8 退 6
26. 兵五进一　马 2 进 1
27. 兵五进一　马 1 退 3
28. 相五进七　卒 7 进 1
29. 后炮平七　炮 1 平 3
30. 炮七平五　炮 3 退 3
31. 炮六退一　卒 7 进 1
32. 马四进二　炮 8 平 6
33. 兵五平四　马 6 退 8
34. 马二退三　炮 3 平 2
35. 马三进五　炮 2 退 1
36. 兵一进一　马 3 进 5
37. 炮六平五　马 5 进 7
38. 后炮平六　炮 2 退 4
39. 马五进四！马 7 退 5
40. 马六进七　将 5 平 4
41. 炮六进二！（图 42）

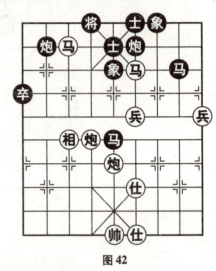

图 42

第 22 局　蒋川胜赵国荣

1. 兵三进一　炮 8 平 7
2. 炮八平五　象 7 进 5
3. 马八进七　卒 7 进 1
4. 车九平八　卒 7 进 1
5. 马二进一　车 1 进 1
6. 车一平二　车 1 平 6
7. 炮五进四　士 6 进 5
8. 炮五平九　马 2 进 1
9. 车八进四　卒 7 进 1
10. 炮二平六　卒 7 平 6
11. 炮六进六！车 6 进 3
12. 车二进八　车 6 平 4！（图 43）
13. 炮六平九　车 4 进 3！

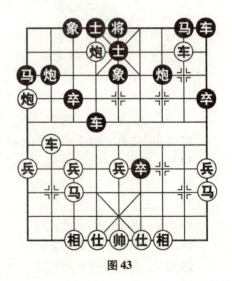

图 43

14. 马七退八　车4平7　　　15. 相七进五　卒6平5

16. 马一退二！车7退3　　　17. 马八进六　卒5进1

18. 相三进五　车7平5　　　19. 马二进四　车5进3

20. 仕四进五　车5退3　　　21. 马四进五　车5平7

22. 前炮进一　炮2平4　　　23. 车八平二　象5退7！

24. 后炮退二！象7进5　　　25. 后炮平五　车7平5

26. 马五进七　车5退1　　　27. 前车进一　车9平8？

28. 车二进五　士5退6　　　29. 炮五进一　炮4进3

30. 车二退五　马1进2

31. 马七进八　炮4退4

32. 车二进三　车5进1

33. 车二平三　士6进5

34. 车三退一　车5平6

35. 车三平七　将5平6

36. 马六进五　车6进2

37. 马五进六　炮4进2

38. 马八进七！车6平9

39. 仕五退四　车9平6

40. 仕六进五　炮4退2

41. 马六进五　炮4进4

42. 车七平一　车6退4

43. 马七退六！（图44）

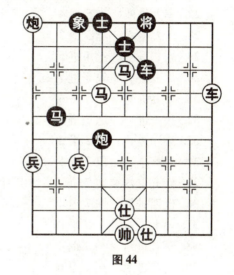

图44

第 23 局　金波胜赵国荣

1. 兵七进一　炮2平3　　　2. 炮二平五　象3进5

3. 马二进三　卒3进1　　　4. 马八进九　卒3进1

5. 车一平二　车9进1　　　6. 车九平八　车9平4

7. 仕六进五　车4进4　　　8. 炮五进四　士4进5

9. 炮八平六　马8进9　　　10. 炮五平一　卒1进1

11. 车八进八　炮8平7　　　12. 相三进五　炮7退1

13. 车八退三　炮3进2！（图45）　14. 兵三进一　车4平1

15. 车二进三！马2进3　　　16. 车八进一　马3进4

17. 马三进二　车4平1　　　18. 马二进三　炮3进5？

19. 车八平九！ 后车进3

20. 炮一平九   车1平2

21. 马三进一   象7进9

22. 相五退七   卒1进1

23. 车二进二   马4退3

24. 炮九平二   车2平5

25. 炮六平五   象9退7

26. 车二平九   卒1平2

27. 车九进四   士5退4

28. 车九退六   车5退3

29. 炮二进三   士4进5

30. 兵三进一   象5进7

31. 马九退七   卒3平4

32. 兵一进一   炮7进1

33. 兵一进一   卒2平3

34. 兵一平二   象7退5

35. 仕五退六   炮7进7

36. 仕四进五   炮7退1

37. 马七进八   车5平9

38. 车九进六   马3退4

39. 马八进七   炮7退6

40. 炮五进四！ 车9平7

41. 相七进五   卒3进1

42. 兵二平三！ 车7进1

43. 车九退一！ 马4进3

44. 马七进六！（图46）

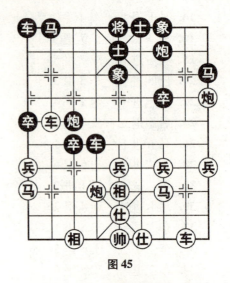

图 45

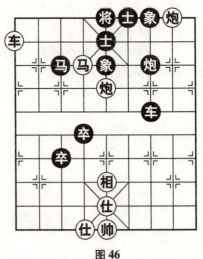

图 46

第24局 郑一泓负洪智

1. 兵七进一   炮2平3   2. 炮二平五   象3进5

3. 马二进三   卒3进1   4. 车一平二   卒3进1

5. 马八进九   车9进1   6. 车九平八   车9平4

7. 炮五进四   士4进5   8. 炮五平一   马8进9

9. 车二进四   卒7进1   10. 车二平七   车4进2

11. 炮一退二　马2进4（图47）
12. 相七进五　马9进8
13. 兵三进一? 卒7进1
14. 车七平三　车1平2
15. 炮八进三　车4进4
16. 炮八平五　将5平4!
17. 车三进二? 车4平1
18. 炮一平六　将4平5
19. 车八进九　马4退2
20. 炮六平三　将5平4
21. 车三平六　将4平5
22. 车六平二　马8进7
23. 车二平三　将5平4
24. 车三平六　将4平5

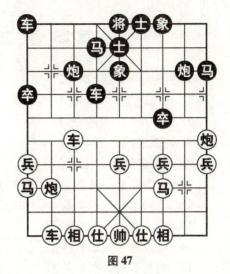

图47

26. 仕四进五　象7进9
28. 炮三进一　马4退2
30. 炮三进一　马4退2
32. 炮三进一　马4退2
33. 炮三平二　车1平3
34. 兵五进一　车3退3
35. 马三进五　马7退5
36. 马五进三　马5退7!
37. 炮五退二　车3进2
38. 兵九进一　马2进1
39. 炮二平四　炮2退2
40. 炮四平一　象9退7
41. 炮一进一　炮8平7
42. 炮五进二　车3退3!
43. 车八进二　车3平5
44. 炮五平四　炮2平3
45. 马三退四　马1进3（图48）

25. 车六平八　炮3平2
27. 炮三进三　马2进4
29. 炮三退一　马2进4
31. 炮三退一　马2进4

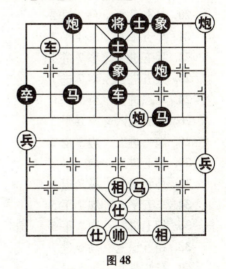

图48

第25局　王跃飞负胡荣华

1. 兵七进一　炮2平3
2. 炮二平五　象3进5
3. 马二进三　卒3进1
4. 马八进九　卒3进1
5. 车一平二　车9进1
6. 车九平八　车9平4
7. 炮五进四　士4进5
8. 炮五平一　马8进9
9. 车二进四　车4进6！
10. 相三进五　卒7进1
11. 车二平七　马2进4（图49）
12. 仕六进五　车4退4
13. 炮一退二　车1平2
14. 兵九进一　车2进6
15. 炮八平六　车2进3
16. 马九退八　马4进3
17. 车七平四　炮8平7
18. 马八进九　马9进7！
19. 车四平五　马7进9
20. 马九进八　马3进2
21. 车五平八　车4平3
22. 兵五进一　卒7进1！
23. 兵五进一　卒7进1

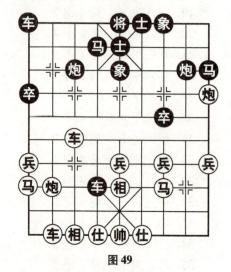

图49

24. 马三进五　卒7平6
25. 马五进六　车3进1
26. 仕五退六　卒6平5
27. 仕四进五　马9退7
28. 炮一进五　炮3退2
29. 车八平五　卒5进1
30. 相七进五　炮3平2
31. 相五退七　炮2进4
32. 马六进五　马7退5
33. 炮一退四　马5进6
34. 车五平八？炮7平5！
35. 炮六平五　炮5进5
36. 相七进五　炮2平5
37. 炮一平五　车3平5
38. 相五退七　马6进7
39. 车八退一　马7进9
40. 车八进六　士5退4
41. 车八退七　马9进7
42. 帅五平四　车5平7
43. 车八平四　士4进5
44. 车四进二　车7进2
45. 兵一进一　马7退8
46. 车四进二　车7退1
47. 车四退三　马8退7（图50）

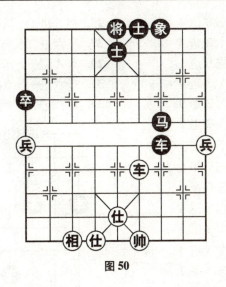

图 50

第 26 局　王天一胜赵国荣

1. 兵七进一　炮2平3
2. 炮二平五　象3进5
3. 马二进三　卒3进1
4. 车一平二　卒3进1
5. 马八进九　车9进1
6. 车九平八　车9平4
7. 炮五进四　士4进5
8. 炮五平一　马8进9
9. 仕六进五　车4进4
10. 炮八平六　炮3平2
11. 车八进三　马2进4
12. 相三进五　车1平3（图51）
13. 兵三进一　车4退1
14. 兵五进一　车4平9
15. 车二进六　炮8平6
16. 兵一进一　车9进1
17. 炮一平三　车9退1
18. 炮三进一　马4进3
19. 车八进三　马3进2
20. 马九退八！车9平8
21. 车二平六　车8退2
22. 炮三退二！象5进7
23. 车八进一　象7退5

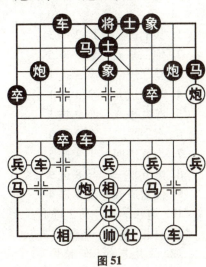

图 51

24. 车八退二　车8进4

25. 相五进七　车8平2

26. 马八进七　车3进5

27. 车六进二！车3退5

28. 马七进八　炮6退1

29. 车六退五　车2进3

30. 炮六退二　车3进9

31. 车六进一　炮6进7

32. 车六进四　车3退9

33. 车八进一　炮6平7

34. 马三退一　车2退2

35. 车六退六　车2退1

36. 车六平三　炮7平6

37. 车八平四　炮6平8

38. 车四平二　炮8退4

39. 马八进六　车2平1

40. 车二进一！车3进3

41. 车三平四　车3平7

42. 车四平八　象5退3

43. 车八进七　车7平3

44. 马六进七！士5退4

45. 车八平七　车1平4

46. 兵三进一　炮8平9

47. 炮六进九（图52）

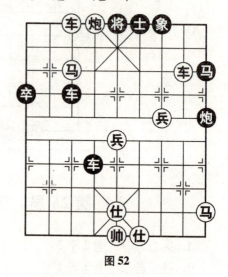

图52

第 27 局　谢岿胜赵鑫鑫

1. 兵七进一　炮2平3

2. 炮二平五　象3进5

3. 马二进三　卒3进1

4. 马八进九　卒3进1

5. 车九平八　车9进1

6. 车一平二　车9平4

7. 炮五进四　士4进5

8. 炮五平一　马8进9

9. 仕六进五　车4进4

10. 炮八平六　马2进1

11. 相三进五　卒3平2

12. 兵九进一　车1平2

13. 兵三进一！卒2进1（图53）

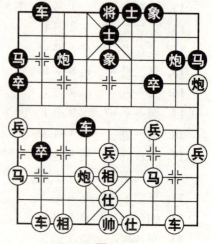

图53

14. 炮一退二　车4退2	15. 马三进四　炮3平4
16. 马九进八！炮4进5	17. 车八进三　炮8平6
18. 仕五进六　车4进4	19. 车八平六　车4平2
20. 马四进六　后车平3	21. 车六平七　象5进3！
22. 车二进七　车3进1	23. 仕四进五　车2进1
24. 马八进九　车2退5	25. 马九退八　炮6平2
26. 兵九进一　炮2进3	27. 炮一平八　车2进2
28. 车二平九　车2平4	29. 马六进四　车3平2
30. 车九进二　士5退4	31. 车九退三！车3平1
32. 兵九进一　象7进5	33. 车七平八！士6进5
34. 兵五进一　车4退2	
35. 车八进三　车4进3	
36. 兵一进一　车4平9	
37. 兵九进一　车9退1	
38. 兵九平八　车9进4	
39. 仕五退四　车9退5	
40. 兵八平七　卒7进1	
41. 兵七进一　卒7进1	
42. 兵七平六　车9平6	
43. 兵五进一　车6进2	
44. 兵五进一　将5平6	
45. 车八进三　车6平4	
46. 兵六平五　马9退8	
47. 马四退二！车4退4（图54）	

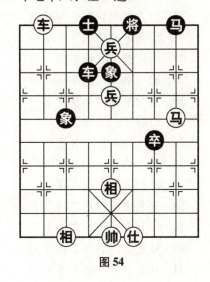

图 54

第28局　吕钦胜许银川

1. 兵七进一　炮2平3	2. 炮二平五　象3进5
3. 马二进三　卒3进1	4. 车一平二　卒3进1
5. 马八进九　车9进1	6. 仕六进五　车9平4
7. 炮五进四　士4进5	8. 炮五平一　马8进9
9. 车二进四　卒3进1	10. 炮八进二　炮8平7
11. 马九进七？炮7进4！	12. 相七进五　炮7平3（图55）
13. 车二平七　前炮平4	14. 车九平六　车1进2

15. 炮八退二　车4进1
16. 马三进四　炮4平9
17. 车六进七　士5进4
18. 马四进六　炮3进2
19. 炮八进四　士6进5
20. 炮八平五　将5平6
21. 车七平四　将6平5
22. 车四平八　马2进4
23. 车八进四　车1平2
24. 车八平七！将5平6
25. 炮五平六！车2退2
26. 兵九进一！炮3平2
27. 炮六进二　炮2进5
28. 炮一平九　炮9退2
30. 炮六平九　马9进8
32. 前炮进一　车2平1
34. 炮九退一！马8退9
36. 炮八平三　炮2平1
37. 仕五进六　车3平2
38. 车七进一　车2进7
39. 帅五进一　车2退1
40. 帅五退一　车2进1
41. 帅五进一　炮1平6
42. 车七平二　车2退1
43. 帅五退一　车2平9
44. 车二平八　炮6退7
45. 炮一平七　车9平3
46. 炮七退一　炮6退1
47. 车八平一　马9退7
48. 车一平四　炮6进1
49. 炮三退三（图56）

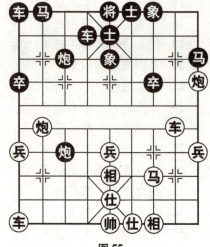

图55

29. 车七退四　将6平5
31. 马六进七　车2进2
33. 前炮平八　象5进3
35. 炮九平一　车1平3

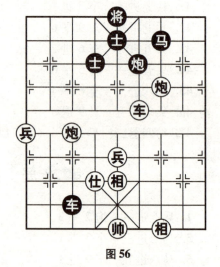

图56

第 29 局 蒋川胜庄玉庭

1. 兵七进一	炮2平3	2. 炮二平五 象3进5
3. 马二进三	卒3进1	4. 马八进九 卒3进1
5. 车一平二	车9进1	6. 车九平八 车9平4
7. 仕六进五	士4进5	8. 车二进四 车4进2
9. 车二平七	马2进4	10. 炮八平六 车1平2
11. 炮六进六	车2进9	12. 马九退八 车4退2
13. 车七进二	卒7进1（图57）	
14. 炮五进四	马8进7	
15. 炮五平九！	马7进6	
16. 车七平八	炮3退2	
17. 相七进五	车4进5	
18. 兵九进一	马6进5	
19. 马三进五	车4平5	
20. 马八进七	车5平7	
21. 马七进九	炮8进4?	
22. 马九进七	车7平3	
23. 炮九进三	士5退4	
24. 车八平一	炮8平5	
25. 帅五平六	士6进5	

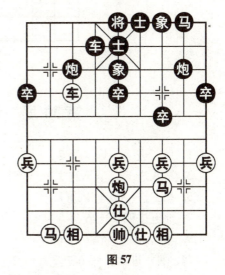

图 57

26. 车一平六	卒7进1	27. 马七进五 卒7进1
28. 马五进四！	将5平6	29. 马四退二 将6进1
30. 炮九退一！	士5进6	31. 车六进三 炮5平9
32. 车六平三	车3平2	33. 马二退四 将6平5
34. 车三退一	将5退1	35. 马四进五 车2平4
36. 帅六平五	车4退4	37. 马五退四 卒7平6
38. 车三平七	炮3平4	39. 车七退二 车4平1
40. 炮九平八	车1平2	41. 炮八平九 炮9退5
42. 炮九进一	车2退2	43. 车七平五 炮9平5
44. 马四进二	将5平6	45. 炮九平六 车2平4
46. 马二进四	车4进2	47. 马四退三 将6平5
48. 马三退四	车4平2	49. 马四进三（图58）

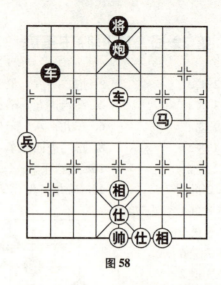

图 58

第 30 局　汪洋负赵国荣

1. 兵三进一　炮 8 平 7　　　　2. 炮八平五　象 7 进 5

3. 马八进七　卒 7 进 1　　　　4. 车九平八　卒 7 进 1

5. 马二进一　车 1 进 1　　　　6. 车一平二　车 1 平 6

7. 炮五进四　士 6 进 5　　　　8. 炮五平九　马 2 进 1

9. 车八进四　卒 7 进 1　　　　10. 炮二平六　卒 7 平 6（图 59）

11. 炮六进六！车 6 进 3

12. 车二进八　车 6 平 4

13. 炮六平九　车 4 进 3

14. 马七退九　车 4 平 7

15. 相七进五　卒 6 进 1！

16. 马一退二　车 7 退 1

17. 马九进七　卒 6 进 1

18. 相三进一　车 7 平 6

19. 仕六进五　士 5 退 6！

20. 前炮平六　马 8 进 6

21. 炮六退七　卒 6 进 1

22. 仕五退四　马 6 进 8！

23. 相一进三　车 6 平 8

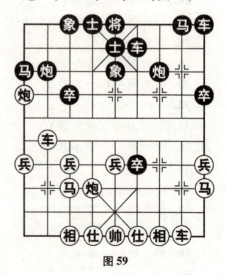

图 59

24. 马二进四	炮2平4	25. 车八进四	士6进5
26. 炮九退二	车9平6	27. 仕四进五	车8退2
28. 车八平六	炮7进1	29. 炮九平七	车8平3
30. 车六平八	炮7平8	31. 车二平三	炮8平5
32. 马四进二	马1进2	33. 炮七平九	车3平8
34. 马二退三	马8进6	35. 车三平一	马2进3
36. 炮九进五	车8平4		
37. 炮六平七	炮4平3		
38. 炮七进二	炮3进4		
39. 车一平二	车4平8		
40. 车二退三	马6进8		
41. 车八退五	炮3平9		
42. 兵五进一	炮9退2		
43. 马七进六	炮5平8		
44. 马六进七	炮9进5		
45. 马三进一	马8退6!		
46. 马一进二	炮8平3		
47. 兵五进一	马6退4		
48. 兵五进一	马4进3		
49. 车八平五	象5退7（图60）		

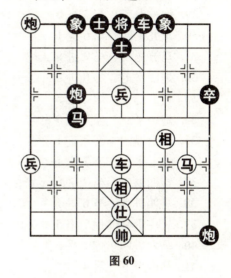

图60

第31局　汪洋负赵鑫鑫

1. 兵七进一	炮2平3	2. 炮二平五	象3进5
3. 马二进三	卒3进1	4. 车一平二	卒3进1
5. 马八进九	车9进1	6. 仕六进五	车9平2
7. 炮五进四	士4进5	8. 车九平八	车2进5
9. 炮五平一	马2进4	10. 车二进四	卒3进1
11. 炮八平四!	车2进3	12. 马九退八	马8进9
13. 马八进九	炮8平7!（图61）	14. 相七进五	卒3平2
15. 兵九进一	马4进2	16. 马九进八	马2进3
17. 车二平六	卒1进1	18. 兵九进一	车1平4
19. 马八进七	车1进5	20. 仕五退六	炮7进4
21. 仕四进五	车1退4	22. 相五进七	卒2平3

23. 相三进五　炮3平2

24. 炮四进六　炮2进3！

25. 车六进一　炮2进4

26. 相五退七　车1平3

27. 马七进五　马3退4

28. 车六平九　士5退4

29. 炮一退二！车3平6

30. 车九平四　车6退1

31. 马五退四　马9进8

32. 炮四平七　马8进6

33. 兵五进一　炮2退3

34. 炮一平三　象7进9

35. 炮七退四　卒7进1

36. 炮七平四　卒7进1

37. 炮四退三　卒7平6

38. 马四进六　卒6进1

39. 兵一进一　炮7退5

40. 马六进四　炮7平6

41. 马四退五　马4进5

42. 炮四进七　马5退4

43. 炮四退三　卒6平7

44. 马三进一　马4进3

45. 兵一进一　马3进5

46. 马一进二　马5进4

47. 帅五平四　马4进3

48. 炮四平七　马3退1

49. 马二进四　卒7进1（图62）

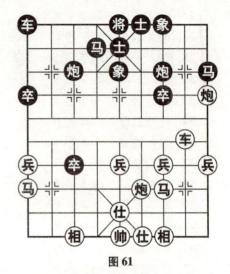

图61

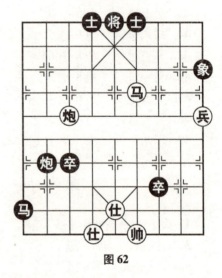

图62

第32局　汪洋负王天一

1. 兵七进一　炮2平3　　2. 炮二平五　象3进5

3. 马二进三　卒3进1　　4. 车一平二　卒3进1

5. 马八进九　车9进1　　6. 仕六进五　车9平2

7. 炮五进四　士4进5　　8. 车九平八　车2进5

9. 炮五平一　马2进4

10. 车二进四　卒3进1

11. 车二平七　马8进9（图63）

12. 兵三进一　卒7进1！

13. 马三进四　卒3进1！

14. 车七退二　车2退3

15. 炮一退一　卒7进1

16. 马四进六　车2平4

17. 马六退八　马4进5

18. 车七进四　车4平3

19. 马八进七　马5进7

20. 兵九进一　卒7平6

21. 马九进八　车1平4

22. 炮八平六　车4平2

24. 马八退七？车2进9

26. 相五进三　炮8平7

28. 炮六进二　马9进8

30. 马六进八　卒4平3

32. 马六进八　卒4平3

34. 马六进五　炮7进1

36. 相一退三　炮3平1

37. 相三退五　炮1进3

38. 后马进三　象5进7

39. 炮一进一　卒1进1

40. 兵一进一　卒2平3

41. 兵一进一　马8进7

42. 兵一平二　炮1进4

43. 炮六进二　卒3进1

44. 炮六平九　炮1平2

45. 马三退五　卒3进1

46. 后马退七　马7进6！

47. 炮一退四　马5退3

48. 炮九平六　炮5进4

49. 帅五平六　炮2退9！（图64）

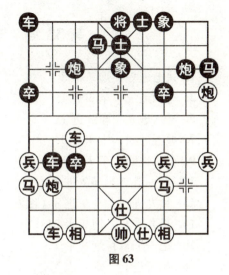

图63

23. 相七进五　卒6进1

25. 后马退八　卒6平5

27. 相三进一　马7进5

29. 马八进六　卒5平4

31. 马八退六　卒3平4

33. 马八退六　卒3平2

35. 马七退五　炮7平5

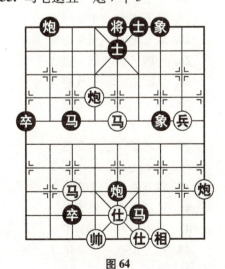

图64

第 33 局　赵鑫鑫胜汪洋

1. 兵七进一　炮2平3　　　2. 炮二平五　象3进5

3. 马二进三　卒3进1　　　4. 车一平二　卒3进1

5. 马八进九　车9进1　　　6. 仕六进五　车9平4

7. 炮五进四　士4进5　　　8. 炮五平一　马8进9

9. 车二进四　卒7进1　　　10. 车二平七　车4进2

11. 炮一退二　马2进4　　　12. 车九平八　车1平2

13. 兵九进一　马9进8（图65）

14. 马九进八　炮3平2！

15. 炮一平二！炮8平7

16. 相三进五　炮2进5

17. 车八进二　马4进3

18. 兵一进一　炮7进4

19. 车八平七　马3进4

20. 后车平六　马4退6

21. 炮二退三！马8退7

22. 车六进四　马6退4

23. 车七平二　车2进4

24. 仕五进六　车2平6

25. 炮二平六　马4退2

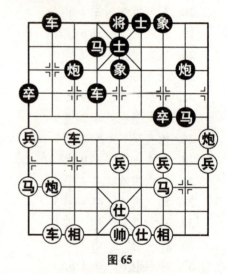

图 65

26. 仕四进五　马2进3　　　27. 马八进六　士5退4

28. 兵一进一　士6进5　　　29. 兵一进一　马3进2

30. 兵一平二　马7进5　　　31. 车二平七　马5进3

32. 兵五进一　卒7进1　　　33. 车七退一　炮7平4

34. 炮六进二　马3进4　　　35. 马六退八！马2进3！

36. 车七退二　马4退2　　　37. 车七进三　车6平2

38. 相五进三　车2退1　　　39. 兵二平三　马2退3

40. 马三进四　象5进7　　　41. 兵三进一　马3退5

42. 兵五进一　车2平9　　　43. 兵五进一　马5进7

44. 相三退五　象7进9　　　45. 马四退六　车9进1

46. 兵五平四　车9进5　　　47. 仕五退四　马7进9

48. 车七进二　车9退3　　　49. 马六进四　车9平7

50. 车七平九（图66）

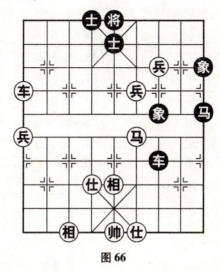

图66

第34局 许银川胜郝继超

1. 兵七进一 炮2平3	2. 炮二平五 象3进5
3. 马二进三 卒3进1	4. 相七进九 卒3进1
5. 相九进七 车9进1	6. 炮五进四 士4进5
7. 车一平二 马2进4	8. 炮五退二 车9平6
9. 车二进五 车6进5	
10. 兵三进一 卒7进1	
11. 车二平三 马8进7	
12. 车三平六 马4进5（图67）	
13. 马八进六 车6退2	
14. 车六退三 马5进3	
15. 炮八平七 马7进5	
16. 车六平四 车6平4	
17. 马六进八 卒1进1	
18. 炮七退一！车1平2	
19. 炮七平八 车2平4	
20. 仕六进五 炮8进5	
21. 马三进四 前车平6	

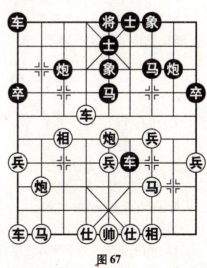

图67

22. 车四平二　车6进1　　　　23. 车二进一！车6平7

24. 相三进五　车7平6　　　　25. 炮五进一　马5进7

26. 车二平三　马3退5　　　　27. 车九平六　车6平4

28. 车六进四　车4进5　　　　29. 相七退九　马7退6

30. 炮五平四　车4平6　　　　31. 炮四平六　车6平4

32. 炮六平四　车4平6　　　　33. 炮四平六　车6平4

34. 炮六平四　车4退1　　　　35. 炮四退四　马6进7

36. 马八进七　马5进4　　　　37. 车三退一　炮3进1

38. 炮八平六　车4平3　　　　39. 炮六平七　马4进3

40. 车三平四　炮3进2？

41. 相五进七！车3平5

42. 车四平七　车5进2

43. 炮七平九　车5平9

44. 车七平八　马7进5

45. 车八进三　车9退2

46. 车八退二　车9平6

47. 炮四平三　车6平7

48. 车八平五　马5退3

49. 炮三平四　车7退1

50. 炮四进一　车7平2

51. 炮九平七　马3退5

52. 车五进二　马5进7

53. 炮四平五（图68）

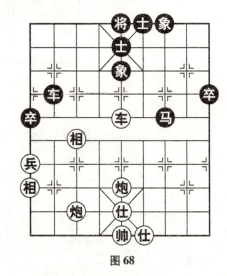

图68

第35局　汪洋胜孙勇征

1. 兵七进一　炮2平3　　　　2. 炮二平五　象3进5

3. 马二进三　卒3进1　　　　4. 车一平二　卒3进1

5. 马八进九　车9进1　　　　6. 车九平八　车9平4

7. 炮五进四　士4进5　　　　8. 炮五平一　马8进9

9. 仕六进五　车4进4　　　　10. 炮八平六　马2进1

11. 兵三进一　车1平2　　　　12. 车八进九　马1退2

13. 相七进五　炮3平4（图69）　14. 炮一退二　车4进1

15. 车二进三！卒3平4　　　　16. 相五退七　车4平1

17. 炮一平六　炮4进5
18. 仕五进六　车1平4
19. 炮六平五　车4进1
20. 相三进五　炮8平6
21. 车二平四　将5平4
22. 仕四进五　车4退4
23. 炮五平七　马2进1
24. 兵五进一　车4平5
25. 车四平五　马1进3
26. 车五平八　马3退1
27. 车八平五　马1进3
28. 车五平八　马3退1
29. 炮七平九　将4平5
30. 马九进七　卒1进1
32. 车八平九　马1进3
34. 车九平七　马3退5
36. 马六退七　车5退2
38. 炮九平八　炮6平2
40. 马七进六　车5平4
42. 车八退三　马9退7
43. 马五进七！车4进1
44. 车八平七　马7进5
45. 炮八进七　将5进1
46. 车七平五　炮5平4
47. 炮八平四　卒1进1
48. 炮四退六　卒1平2
49. 马七进八　车4平3
50. 炮四平五　炮4进3
51. 马八进六　车3进5
52. 仕五退六　车3退3
53. 车五平七　马5进4
54. 马六退四！（图70）

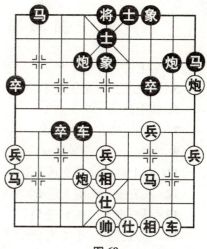

图69

31. 炮九退二　象5退3
33. 马七进六　车5进2?
35. 车七进六　士5退4
37. 车七平九　马5进3
39. 车九平八　炮2平5
41. 马三进五　炮5进3

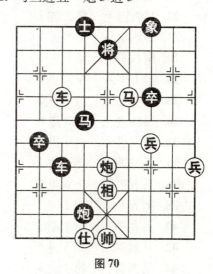

图70

第36局　程鸣胜卜凤波

1. 兵七进一　炮2平3	2. 炮二平五　象3进5
3. 马二进三　卒3进1	4. 车一平二　卒3进1
5. 相七进九　卒3进1	6. 马八进六　卒3进1
7. 炮八进四　马2进4	8. 仕六进五　车1平2
9. 车九平八　马8进9	10. 马六进七　车9平8

11. 马七进六　卒9进1（图71）

12. 兵五进一　炮3进2

13. 马三进五　炮8进5！

14. 车八进四　士4进5

15. 炮八进二　车8进4?

16. 马六进七　车2平3

17. 炮八退三！车8退4

18. 马七退九　卒3进1?

19. 兵五进一　炮8平1

20. 车二进九　马9退8

21. 炮五平七！车3平1

22. 马九退七　象5进3

23. 车八退一　卒5进1

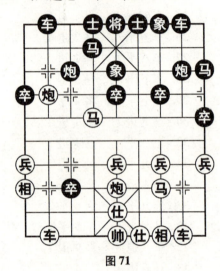

图71

24. 炮八平五　象7进5	25. 马五进六　车1进2
26. 炮七平六　车1平2	27. 车八进四　马4进2
28. 炮五退二　炮1平2	29. 马六进四　马2进4
30. 马四进三　马8进6	31. 炮六平二　将5平4
32. 炮二进七　将4进1	33. 炮二退一　马6进5
34. 马三退五　将4退1	35. 炮二退一　士5进6
36. 马五进四　士6退5	37. 马四退五　士5进6
38. 帅五平六！炮2退7	39. 兵九进一　象3退1
40. 兵九进一　象1退3	41. 马五进四　士6退5
42. 马四退二　马5进6	43. 马二退四　象3进5
44. 马四退五　将4退1	45. 炮二进一　士5进4
46. 马五进七　将4退1	47. 炮二平九　象5退7
48. 马七进八　将4平5	49. 马八退六　将5进1

50. 马六退四 将5平6　　51. 马四进六 将6平5

52. 马六进七 将5平6　　53. 炮九平八 马4进3

54. 炮五平四 马6进4　　55. 相三进五（图72）

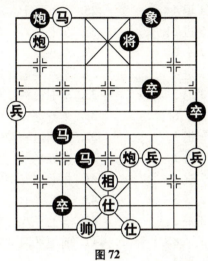

图72

第37局　于幼华负赵国荣

1. 兵七进一 炮2平3　　2. 炮二平五 象3进5

3. 马二进三 卒3进1　　4. 马八进九 卒3进1

5. 车一平二 车9进1

6. 仕六进五 车9平4

7. 炮五进四 士4进5

8. 炮五平一 马8进9

9. 车九平八 车4进3

10. 车二进四 卒3进1

11. 炮八平四 卒3平4

12. 炮四进六 马2进1（图73）

13. 兵九进一 车4平6

14. 炮四平一 车6进2!

15. 兵五进一 车6平7

16. 马三退一 车7退2

17. 车二退一 车1平4

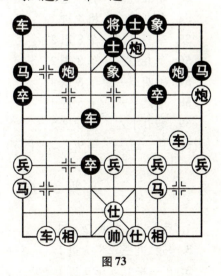

图73

18. 车八进三　卒4进1　　　19. 仕五进六　车4进7
20. 相三进五　卒1进1　　　21. 仕四进五　车4退2
22. 兵九进一　车7平1　　　23. 车八进一　车4退1
24. 后炮退一！车4退4　　　25. 车八平七　车1平7
26. 车二平四　象5进3！　　27. 车七平八　车4进8
28. 马一进二　车7平8　　　29. 车八退一　炮8平5！
30. 马九进七　炮3进4　　　31. 车八平七　炮5进5
32. 帅五平四　象3退5　　　33. 车七退一　车4平5
34. 车七平五　车5平8　　　35. 车五进一　前车进1
36. 帅四进一　前车退1　　　37. 帅四退一　前车进1
38. 帅四进一　卒7进1　　　39. 车五平九　前车退1
40. 帅四退一　卒7进1　　　41. 相七进五　后车平2
42. 车九平八　车2平3　　　43. 车八平七　车8进1
44. 帅四进一　车3平2　　　45. 车七平八　车2平3
46. 车八平七　车3平8　　　47. 前炮平四　卒7平6！
48. 车四平六　卒6平5
49. 炮四平二？卒5平4！
50. 车六平三　后车退3
51. 炮一平五　将5平4
52. 车七平九　后车进3
53. 车九进四　后车进2
54. 车九进二　将4进1
55. 车三平二　车8退3
56. 车九退三　车8进2
57. 帅四退一　车8退4
58. 车九平六　士5进4
59. 炮五平六　士6进5
60. 兵一进一　马9进7（图74）

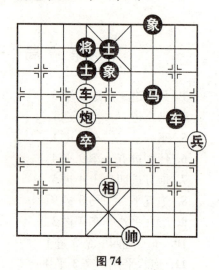

图74

第38局　洪智胜赵国荣

1. 兵七进一　炮2平3　　　2. 炮二平五　象3进5
3. 马二进三　卒3进1　　　4. 马八进九　卒3进1
5. 车一平二　车9进1　　　6. 仕六进五　车9平4

7. 炮五进四　士4进5
8. 炮五平一　马8进9
9. 车二进四　卒3进1
10. 炮八进二　炮8平7
11. 马九进七　炮7进4
12. 相七进五　炮7平3（图75）

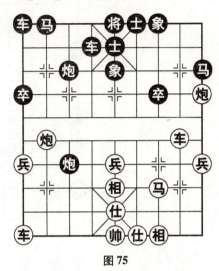

图75

13. 车二平七　前炮平4
14. 车九平六　车1进2
15. 炮八退一　炮3进2
16. 车七平八　马2进3
17. 马三进四　炮4进2
18. 兵五进一　炮4平2
19. 炮八平六　炮2平1
20. 兵五进一　炮3平2
21. 车六平九　炮1平4
22. 炮六进一　炮2退2
23. 炮一退二！卒7进1
24. 车八退三！炮2进2
25. 车八平六　卒7进1
26. 兵五平六！车4平2
27. 炮六平三　马9进8
28. 车九平八　车1平2
29. 车八进四　炮2平1
30. 车八平七　炮1平2
31. 马四进三　马8退6
32. 兵六平五　炮2进5
33. 车六平七　炮2平1
34. 前车进三　前车进7
35. 仕五退六　后车平4
36. 相五退七！车2退3
37. 炮三进五！象5退7
38. 兵五平六　车2平5
39. 后车平五　车5平4
40. 车七进二　后车退1
41. 车七平六　将5平4
42. 车五平七　车4进3
43. 帅五进一　车4平5
44. 帅五平六　车5平4
45. 帅六平五　车4平5
46. 帅五平六　将4平5
47. 仕四进五　车5平7
48. 马三进四　车7退4
49. 车七进八　士5退4
50. 车七平六　将5进1
51. 马四退五　车7平2
52. 相七进九　车2进3
53. 帅六退一　车2进1
54. 帅六进一　车2退1
55. 帅六退一　车2平5
56. 马五进七　将5平6
57. 炮一平四　马6退5
58. 车六退一　车5退3
59. 马七进六！将6进1
60. 车六退一　象7进5
61. 兵六平五！（图76）

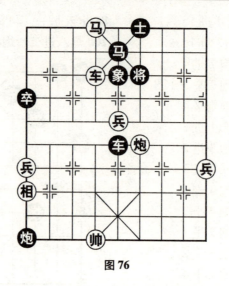

图76

第39局　王天一胜金波

1. 兵七进一　炮2平3	2. 炮二平五　象3进5
3. 马二进三　卒3进1	4. 车一平二　卒3进1
5. 马八进九　车9进1	6. 车九平八　车9平4
7. 炮五进四　士4进5	8. 炮五平一　马8进9
9. 仕六进五　车4进4	10. 炮八平六　马2进1
11. 兵九进一　车1平2	
12. 车八进九　马1退2	
13. 相三进五　炮8平7	
14. 炮一退二　卒7进1（图77）	

15. 车二进六　车4进1
16. 车二退二　卒3进1
17. 车二平七　卒3平2
18. 马九进八!　车4退3
19. 兵五进一　车4平5
20. 车七进二　车5平3
21. 马八进七　卒2平3
22. 兵五进一　马9进8
23. 马七退八　炮7进4

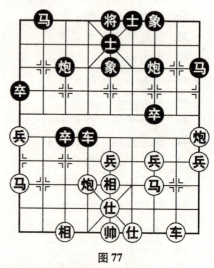

图77

· 44 ·

24. 炮一进五	卒7进1	25. 炮六平八	卒3平2
26. 炮八平九	炮3进5!	27. 马三进五	炮3平2
28. 马八进六	卒2平1	29. 炮九退一	炮2进1
30. 马五进三	前卒进1	31. 炮九退一	马8进6?
32. 炮九平八	马6退4	33. 炮八进九	马4进3
34. 仕五退六	炮2进1	35. 相五进七	前卒进1
36. 仕四进五	炮2退8	37. 兵五进一	象5进7
38. 炮一退三	马3退1	39. 炮一平九	炮2平1
40. 兵五平六	马1退3	41. 炮九进一	象7进5
42. 兵六平七	马3进5	43. 相七退五	炮7平2
44. 马三进五	炮2进3	45. 兵七进一	卒1平2
46. 炮八平九	马5退3	47. 兵七进一	马3退5
48. 马五进七	马5退3		
49. 兵七平六	士5进6		
50. 兵一进一	士6进5		
51. 兵一进一	象5进3		
52. 后炮退四	炮1进4		
53. 兵一平二	象7退5		
54. 兵二进一	马3进5		
55. 后炮平五	马5进6		
56. 炮五进一	马6进5		
57. 马七退五	炮1退3		
58. 炮五退一	炮1平3		
59. 仕五进六	马5退7		
60. 马五进六!	马7退5		
61. 兵六进一!（图78）			

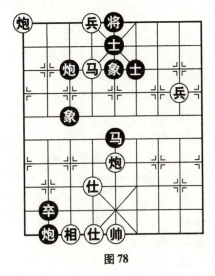

图78

第40局　苗永鹏负万春林

1. 兵七进一	炮2平3	2. 炮二平五	象3进5
3. 马二进三	卒3进1	4. 马八进九	卒3进1
5. 车一平二	车9进1	6. 车九平八	车9平4
7. 仕六进五	车4进2	8. 车二进四	马2进4
9. 车二平七	车1平2	10. 兵九进一	车2进6

11. 炮八平六　车2进3

12. 马九退八　马4进3

13. 车七平二　马8进9（图79）

14. 兵一进一　炮8平7

15. 车二平五　卒7进1!

16. 马八进九　士4进5

17. 相三进一　卒5进1!

18. 车五进一　车4进2

19. 车五退一　炮7进4

20. 炮五平四　炮3进7

21. 车五平六　马3进4

22. 马九进八　炮3退4

23. 马八进九　炮3平9

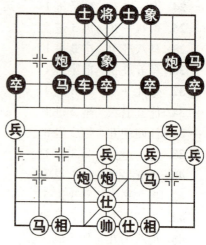

图79

24. 马九进七　炮9平1

25. 马七退六　象5进3

26. 马六进四　象7进5

27. 兵五进一　马9退7

28. 马四进三　炮7退5

29. 马三进二　炮1平5

30. 帅五平六　卒9进1

31. 马二进三　卒9进1

32. 马三进一　炮7平6

33. 马一进三　炮5进1

34. 炮六进一　炮5平7

35. 马三退二　卒9平8

36. 炮四平六　炮7平8

37. 后炮进二　炮8退3

38. 后炮平八　炮6平9

39. 仕五进六　炮8平9

40. 炮八退二　前炮平4

41. 仕四进五　卒8进3

42. 帅六平五　卒7进1

43. 相一退三　卒7进1

44. 相三进五　炮9进3

45. 炮六平九　炮9平5

46. 炮九进五　炮4平2

47. 炮九退六　炮2进3

48. 帅五平四　炮5平9

49. 帅四平五　炮9平2

50. 炮八平七　炮2平3

51. 炮七平八　卒7平6

52. 炮八进八　象3退1

53. 炮八退五　卒8平7

54. 炮八平七　卒6平5

55. 炮七平二　卒7平6

56. 炮二退一　炮3退3

57. 炮二进六　象5退7

58. 炮二退五　炮9退2

59. 相五退三　炮9平5

60. 炮九退二　炮3平4

61. 炮二退三　卒5平4

62. 帅五平四　炮4平6

63. 炮二平四　卒6平7

64. 仕五进四　炮6进5

65. 帅四进一　卒4进1（图80）

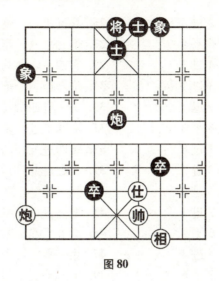

图 80

第 41 局　许银川胜谢靖

1. 兵七进一　炮 2 平 3	**2.** 炮二平五　象 3 进 5
3. 马二进三　卒 3 进 1	**4.** 车一平二　卒 3 进 1
5. 马八进九　车 9 进 1	**6.** 车九平八　车 9 平 4
7. 炮五进四　士 4 进 5	**8.** 炮五平一　马 2 进 1
9. 仕六进五　马 8 进 9	**10.** 炮八平六　车 4 进 4

11. 兵九进一　炮 3 平 4

12. 炮六平七　车 1 平 2

13. 车八进九　马 1 退 2

14. 相三进五　炮 8 平 7（图 81）

15. 炮一退二　车 4 进 1

16. 车二进四　卒 3 进 1

17. 马九进八！车 4 退 3

18. 炮七平九　炮 4 平 1

19. 车二平七　卒 3 平 2

20. 马八进七　马 2 进 4

21. 马七进九　炮 7 平 1

22. 兵三进一　马 4 进 2

23. 炮一平二　车 4 平 6

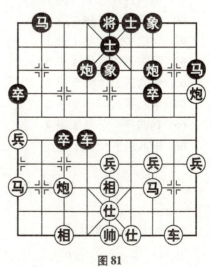

图 81

24. 兵五进一	马2进3	25. 兵五进一	炮1平3
26. 车七平四	车6平4	27. 炮九平六	卒2平3
28. 车四退一	车4进3	29. 车四平六	马3进4
30. 兵五平四	卒3进1	31. 炮六退二	炮3进4!
32. 兵一进一	马9退7	33. 马三进四	马4退6
34. 炮二平四	炮3平6	35. 炮四平五	卒3平4!
36. 仕五进六	马7进8	37. 仕四进五	马8进7
38. 炮六进一	马7进5	39. 相七进九!	马5进3
40. 兵一进一	象7进9?	41. 兵一进一	卒7进1
42. 兵一进一	卒7进1	43. 炮五进二	卒7平6
44. 兵四平五	炮6平2	45. 炮五平八	卒6平5
46. 兵五平六	士5进4	47. 兵一平二	士6进5
48. 帅五平四	炮2平6	49. 炮八平五	炮6退1
50. 兵六进一	将5平4	51. 相五进七	卒5进1
52. 炮五退二	炮6退1	53. 兵六平五!	象5进3
54. 炮五进四	卒5平6		
55. 帅四平五	炮6进1		
56. 炮五平九	炮6平5		
57. 帅五平四	炮5平1!		
58. 炮九退四	卒1进1		
59. 炮六进六	卒1进1		
60. 兵五平六	将4进1		
61. 兵二平三	卒1进1		
62. 兵三平四	将4平5		
63. 炮六进二	将5退1		
64. 炮六平八	卒1平2		
65. 兵四进一	马3退4		
66. 炮八退五! (图82)			

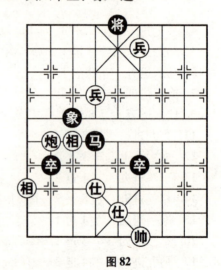

图82

第42局　赵国荣负洪智

1. 兵七进一	炮2平3	2. 炮二平五	象3进5
3. 马二进三	卒3进1	4. 车一平二	卒3进1
5. 马八进九	车9进1	6. 炮五进四	士4进5

7. 兵五进一　马2进4

8. 兵五进一　马4进3

9. 炮八进六！车9退1

10. 兵五平六　车1平4（图83）

11. 炮五平六！卒9进1

12. 马三进五　卒9进1

13. 炮八平七　马3进4

14. 炮七退四　马4进6

15. 车二进一　卒9进1

16. 车二平四　炮8进4

17. 炮七退一　马6退7

18. 马五进四　车9进5！

19. 相七进五　车9平5

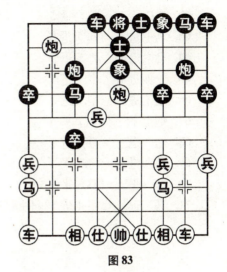

图 83

20. 兵三进一？车5进2

21. 仕六进五　马7进9

22. 车四平二　车5平2

23. 炮七平一　炮8进1

24. 仕五进六　车2平1

25. 车九平六　车1退1

26. 车二进一　马8进9

27. 车二平一　车1平6

28. 马四退六　车6平5

29. 仕六退五　后马进8

30. 炮一平四　马9进7

31. 车一平七　车4平3

32. 炮四进二　马8进6

33. 马六进八　炮3平4

34. 车七进七　象5退3

35. 车六平七　炮4进2

36. 车七进九　士5退4

37. 马八进七　士6进5

38. 炮六平八　象7进5

39. 车七退一　车5平2

40. 马七退八！炮4平5

41. 相三进五　车2平4

42. 炮八进三　象5退3

43. 车七进一　士5退4

44. 炮八平六！车4平5

45. 帅五平六　马7进5

46. 帅六进一　将5进1

47. 车七退一　将5退1

48. 车七进一　将5进1

49. 车七退七　将5平4

50. 马八进七　车5平3

51. 炮六平七　车3退1

52. 炮七退七　将4平5

53. 炮四平二　马5退3

54. 马七退九　马6进7

55. 帅六退一　马7退5

56. 马九退八　马5退7

57. 马八退六　炮5进2

58. 仕五进六　马3退4

59. 炮二退四　炮5退4

60. 炮七退一　马4进5

61. 马六进七　马7退5

62. 炮二平五　前马退3
63. 马七进六　炮5进6
64. 马六退四　将5退1
65. 仕四进五　卒7进1
66. 炮七进二　卒7进1
67. 炮七平一　卒7平6
68. 炮一退三　卒6进1
69. 马四进三　将5平4
70. 炮一平五　卒6平5
71. 马三退五　将4进1（图84）

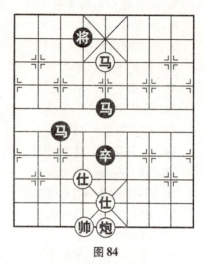

图84

第43局　蒋川胜陶汉明

1. 兵七进一　炮2平3　　　　2. 炮二平五　象3进5
3. 马二进三　卒3进1　　　　4. 车一平二　卒3进1
5. 马八进九　车9进1　　　　6. 车九平八　车9平4
7. 炮五进四　士4进5　　　　8. 炮五平一　马8进9
9. 车二进四　卒7进1　　　10. 车二平七　车4进2

11. 炮一退二　马2进4
12. 仕六进五　车1平2
13. 相三进五　炮8平7（图85）
14. 兵九进一　马4进5
15. 车七平五！炮7进4
16. 炮八平六　车2进9
17. 马九退八　车4平2
18. 马八进九　马5进3
19. 车五平八　车2进2
20. 马九进八　炮3平1
21. 炮一平七　马9进7
22. 炮六平七　炮1进3
23. 前炮平九　马3进1

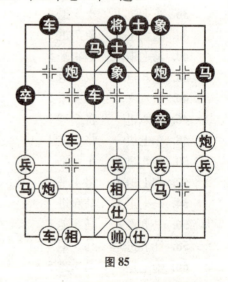

图85

24. 马八进九　马1退3　　　25. 马九退七　象5进3
26. 兵五进一　象7进5　　　27. 炮七平六　炮7平6
28. 马三进二　炮6平7　　　29. 马二退三　炮7平6
30. 炮六进二　士5进4　　　31. 马三进二　炮6平7
32. 仕五进四　卒7进1　　　33. 马二退一！炮7平8
34. 相五进三　炮8退5　　　35. 马一进三　炮8平7
36. 帅五平六　马7进9　　　37. 相三退五　马9进7！
38. 炮六平三　炮7进5　　　39. 兵五进一　士4退5
40. 仕四进五　炮7平2　　　41. 兵五平六　将5平4
42. 炮三平六　将4平5　　　43. 炮六平八　炮2平1
44. 炮八平九　炮1平2　　　45. 兵一进一　炮2进3
46. 相七进九　炮2退5　　　47. 兵六进一　将5平4
48. 炮九平六　将4平5　　　49. 仕五退四　象5退7
50. 炮六退三　象3退1　　　51. 相五进三　象7进5
52. 兵六平七　将5平4　　　53. 兵一进一　象1进3
54. 兵一进一　炮2平1　　　55. 兵七平八　炮1进2
56. 炮六进二　象5退7　　　57. 兵一平二　象3退5
58. 兵二平三　炮1退2　　　59. 兵八平七　炮1退1
60. 兵七进一　炮1进1？
61. 炮六进二　炮1进2
62. 兵七平六　将4平5
63. 炮六平五　炮1平4
64. 兵六进一　象7进9
65. 兵三平四　炮4退2
66. 帅六进一　炮4进2
67. 仕四进五　炮4退2
68. 仕五退六　炮4进2
69. 兵四进一　象9进7
70. 兵四进一　炮4退3
71. 兵四平五　士6进5
72. 兵六平五　将5平6
73. 炮五退五！（图86）

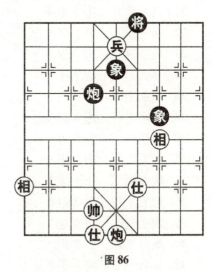

图86

· 51 ·

第 44 局　王天一负许银川

1. 兵七进一　炮 2 平 3
2. 炮二平五　象 3 进 5
3. 马二进三　卒 3 进 1
4. 车一平二　卒 3 进 1
5. 马八进九　车 9 进 1
6. 车九平八　车 9 平 4
7. 仕六进五　车 4 进 2
8. 炮五平四？　马 2 进 4
9. 炮八平六　马 8 进 9
10. 车二进四　车 1 平 2
11. 车八进九　马 4 退 2
12. 车二平七　马 2 进 4（图 87）
13. 相七进五　马 4 进 3
14. 车七平四　炮 8 平 7
15. 炮四进七！　车 4 进 2！
16. 车四平六　马 3 进 4
17. 炮四退三　炮 7 进 4
18. 炮四平一　卒 7 进 1
19. 兵九进一　卒 5 进 1
20. 马九进八　卒 7 进 1
21. 马八进九　炮 3 退 1
22. 马三退二　卒 7 平 6
23. 马二进一　炮 7 退 3
24. 马九退八　炮 7 平 5

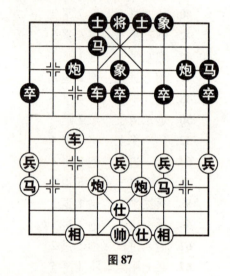

图 87

25. 马八退六　炮 3 平 4
26. 炮六进二　炮 4 进 5
27. 炮六进三　马 9 退 7
28. 兵一进一　炮 4 退 1
29. 马一进三　炮 5 进 3
30. 马三进二　象 5 进 7！
31. 马二进三　炮 4 平 9
32. 兵九进一　炮 9 平 7
33. 炮一平五　炮 7 退 3
34. 炮五退三　士 4 进 5
35. 炮六平七　炮 7 平 4
36. 炮五平八　象 7 退 5
37. 炮八进六　将 5 平 4
38. 炮七进二　将 4 进 1
39. 炮七退八　士 5 进 6
40. 兵九平八　卒 5 进 1
41. 兵八进一　马 7 进 6
42. 兵八平七　将 4 平 5
43. 兵七平六　炮 4 平 2
44. 兵六平五　马 6 进 8
45. 仕五进六　卒 6 进 1
46. 仕四进五　卒 5 进 1
47. 兵五平六　马 8 进 6
48. 炮八平九　卒 5 平 4
49. 炮九退五　马 6 退 4

50. 炮九平五　将5平6　　51. 炮七进三　炮2进2
52. 炮七平六　士6退5　　53. 帅五平四　象5退3
54. 兵六平五　炮2平1　　55. 帅四平五　卒6平5
56. 炮六平七　将6退1　　57. 兵五平六　卒4平3
58. 炮五平二　马4进6　　59. 相五进三　马6退7
60. 炮二退一　卒3平4　　61. 相三进五　马7进9
62. 炮二平三　象7进5
63. 炮七退三　卒4进1
64. 仕五进六　卒5平6
65. 炮三退二　马9进7
66. 帅五平六　马7进5
67. 炮三平四　将6平5
68. 炮四平五　马5进3
69. 相五退三　卒6平5
70. 炮五平三　炮1进5
71. 炮三进一　马3退4
72. 帅六进一　炮1退5
73. 炮七进四　炮1进2
74. 炮七平六　马4退2（图88）

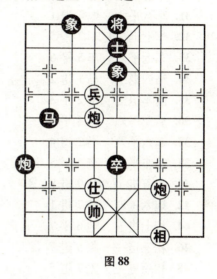

图88

第45局　武俊强胜蒋川

1. 兵七进一　炮2平3　　2. 炮二平五　象3进5
3. 马二进三　卒3进1　　4. 马八进九　卒3进1
5. 车九平八　车9进1　　6. 车一平二　车9平4
7. 炮五进四　士4进5　　8. 仕六进五　马8进9
9. 炮八平六　车4进4　　10. 相三进五　卒9进1
11. 车八进八　炮8平7　　12. 兵三进一　炮7退1
13. 车八退一　炮7进1　　14. 车八进一　炮7退1
15. 车八退一　炮7进1　　16. 车八进一　车4退4（图89）
17. 车八退二　车4进3　　18. 兵五进一！马2进1
19. 车二进三　车1平2　　20. 车八平九　炮3退1
21. 炮五退一　车4进1　　22. 车二平五！车2进4
23. 马三进四　炮3平1　　24. 车九平五　炮7平6

25. 马九退七! 车2进4

26. 马七进八 车4退1

27. 炮六退二! 卒3平2

28. 马八退六 车2平4

29. 前车平八 后车平2

30. 车五平七! 炮1平4

31. 车八平六 炮4退1

32. 车七退二! 车2平5

33. 车七平六 车5平6

34. 马四退三 马1进2

35. 前车退三 卒2平3

36. 后车平八 卒3平4

37. 车六平八 马2退4

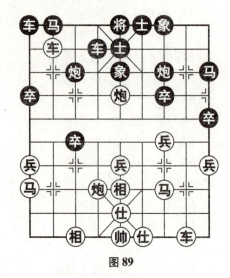

图89

38. 前车平五 卒4平5

39. 马六进五 马4进5

40. 车五进一 马9进8

41. 车五退一 卒7进1

42. 炮六进四 卒7进1

43. 相五进三 车6平7

44. 相七进五 炮6平7

45. 炮六平九 车7平1

46. 相三退一 象5进7

47. 马三进四 马8进7

48. 相一进三 象7退5

49. 车八进五 炮7进2

50. 马四进五 马7进6

51. 车五平四 炮7平8

52. 相三退一 炮8进5

53. 相一退三 马6退8

54. 车四退一 马8进9

55. 车四退一 马9退8

56. 车四平二 马8退6

57. 车八退三 车1平6

58. 车八平五 炮8平9

59. 马五退六 车6平8

60. 车二平一 马6进8

61. 车五平七 炮4平1

62. 车一平二 车8平4

63. 马六退七 车4平8

64. 马七进五 车8进2

65. 仕五进四 卒9进1

66. 炮九平五 炮1平4

67. 车七平六 车8退3

68. 兵一进一 车8平5

69. 炮五平九 马8退9

70. 车二平一 马9进8

71. 车一进一 车5平8

72. 车六进五 炮4平1

73. 马五进四 车8平6

74. 马四进六 车6进4

75. 车一退二! 马8进9

76. 马六进七! （图90）

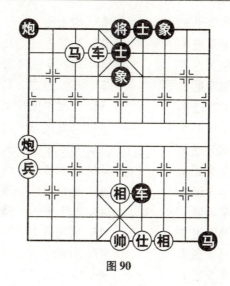

图90

第46局 许银川胜赵国荣

1. 兵七进一　炮2平3
2. 炮二平五　象3进5
3. 马二进三　卒3进1
4. 车一平二　卒3进1
5. 马八进九　车9进1
6. 车九平八　车9平4
7. 炮五进四　士4进5
8. 炮五平一　马8进9
9. 车二进四　卒7进1
10. 车二平七　车4进2
11. 炮一退二　马2进4
12. 仕六进五　车1平2
13. 相三进五　马9进8（图91）
14. 炮一平二！马4进3
15. 车七平五　炮8进3
16. 车五平二　马3进4
17. 炮八进五　炮3进2
18. 兵五进一　炮3平2！
19. 炮八平七　车2进3
20. 马三进五　炮2平3
21. 车八进六　车4平2
22. 马五进七　车2退1
23. 炮七进一　车2退1

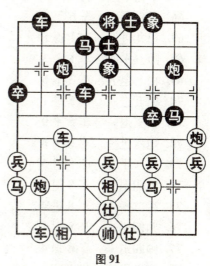

图91

24. 炮七退一 车2平3?	25. 炮七平八 车3平2
26. 炮八退五 车2进5	27. 兵三进一 马8退7
28. 兵三进一 象5进7	29. 炮八平六 象7退5
30. 兵一进一 炮3退2	31. 车二进二 马7进5
32. 马七进六 士5进4	33. 车二平四! 车2平5
34. 兵九进一 士6进5	35. 马九进八 炮3平1
36. 马八进六 炮1进3	37. 车四平五 炮1进4
38. 仕五退六 车5进1	39. 仕四进五 马4进2
40. 后马退七 车5退1	41. 马六退八! 卒1进1
42. 炮六退一 卒1进1	43. 车五平六 马2进1
44. 马七退八 马1退2	45. 后马进七 马2进1
46. 马七退八 马1退2	47. 后马进六 马2进4
48. 车六退四 车5退1	49. 车六进二 车5退1
50. 车六平九 车5平2	51. 车九退四 车2进1
52. 车九进九 士5退4	53. 车九平六 将5进1
54. 车六退一 将5退1	55. 车六平一 车2平7
56. 车一退二 象5退3	57. 车一平五 将5平6
58. 仕五进四 车7进4	59. 帅五进一 象7进5
60. 兵一进一 车7平4	61. 车五平四 将6平5
62. 车四平七 士4退5	63. 兵一进一 将5平4
64. 车七平六 将4平5	65. 相七进九 车4平6
66. 车六平四 车6平1	
67. 相九进七 车1退5	
68. 帅五平四 车1平3	
69. 相七退五 车3平5	
70. 相五进三 车5进1	
71. 相三退一 车5平9	
72. 炮六进一 车9平8	
73. 兵一平二 车8进3	
74. 帅四退一 象8退3	
75. 兵二平三 车8进4	
76. 帅四进一 车8退1	
77. 帅四退一 车8退4	
78. 炮六平五 （图92）	

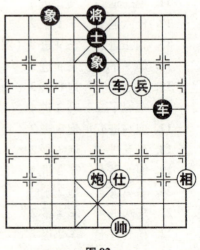

图92

第47局 汪洋胜张申宏

1. 兵七进一　炮2平3　　　2. 炮二平五　象3进5

3. 马二进三　卒3进1　　　4. 车一平二　卒3进1

5. 马八进九　车9进1　　　6. 车九平八　车9平4

7. 炮五进四　士4进5　　　8. 炮五平一　马8进9

9. 车二进四　卒7进1　　　10. 车二平七　车4进2

11. 炮一退二　马2进4

12. 仕六进五　车1平2（图93）

13. 兵九进一　马4进3

14. 车七平二　车2进6

15. 炮八平六　车2进3

16. 马九退八　炮8平7

17. 相三进五　炮3平4

18. 炮六进五　炮7平4

19. 马八进九　马9退7

20. 马九进八　马3进2

21. 车二平八　马7进8

22. 炮一平七　马8进6！

23. 兵三进一　卒7进1

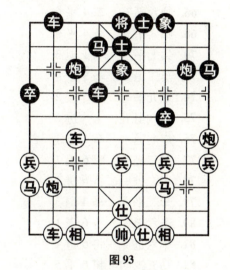

图93

24. 相五进三　象5退3　　　25. 炮七平五　将5平4

26. 车八进一　马6进4　　　27. 车八退一　马4退5

28. 相七进五　炮4平7　　　29. 马三进二　马5进7

30. 炮五平七　象7进5　　　31. 车八进一　炮7退1

32. 炮七平八　士5进6　　　33. 炮八退二　炮7平1

34. 车八退一　炮1平5　　　35. 马二退三　将4平5

36. 车八平七　车4平2　　　37. 炮八平七　炮5平8

38. 仕五退六　士6进5　　　39. 仕四进五　士5退4

40. 车七平六　车2平9　　　41. 炮七进一　车9平8

42. 炮七平九　炮8平1　　　43. 仕五退四　车8平2

44. 车六平四　炮1平6　　　45. 车四平七　炮6平7

46. 炮九平七　炮7平1　　　47. 炮七退二　车2平8

48. 马三进四　炮1平5　　　49. 车七退一　车8平4

50. 炮七平三　车4平9　　51. 马四进六　车9平4

52. 马六退八　马7退5　　53. 兵五进一　车4进2

54. 马八进七！马5进3　　55. 兵五进一　炮5平3

56. 车七平二　车4退2　　57. 马七进六！车4平6

58. 兵五平六　马3进1　　59. 炮三平五　士6退5

60. 炮五进六　将5平6　　61. 仕六进五　马1退2

62. 兵六进一！炮3进3　　63. 兵六平七　炮3平5

64. 帅五平六　车6退1　　65. 炮五退一　车6平4

66. 帅六平五　车4平6　　67. 帅五平六　车6平4

68. 帅六平五　车4平6　　69. 帅五平六　马2进1

70. 兵七平六　马1退3　　71. 车二进六　将6进1

72. 车二退四　马3进4　　73. 炮五平九　车6平1

74. 炮九平七　炮5退2

75. 马六退五　士5进6

76. 炮七退六　车1进1

77. 车二进三　将6退1

78. 车二进一　将6进1

79. 车二平六　马4退3

80. 车六退一　将6退1

81. 车六进一　将6进1

82. 马五退四　将6平5

83. 兵六平七！马3进1

84. 马四进三　炮5平2

85. 马三退五！炮2进7

86. 炮七进四（图94）

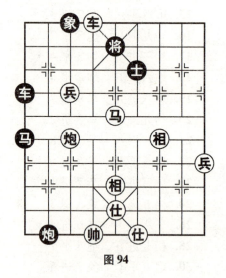

图94

第48局　王天一胜郑惟桐

1. 兵七进一　炮2平3　　2. 炮二平五　象3进5

3. 马二进三　卒3进1　　4. 车一平二　卒3进1

5. 马八进九　车9进1　　6. 车九平八　车9平4

7. 仕六进五　车4进2！　　8. 炮五平四　马2进4

9. 炮八平六　马8进9　　10. 车二进四　车1平2

11. 车八进九　马4退2　　12. 车二平七　卒9进1

13. 兵九进一　炮3退2！
14. 相三进五　马2进3
15. 车七平二　炮8平6（图95）
16. 马九进八　士4进5
17. 炮四进四　卒5进1
18. 炮四退五　炮3平1
19. 马八退七　车4进3
20. 炮四进二　车4退3
21. 马七进九！炮1平3
22. 马九进七　车4平5
23. 车二平六　马9进8
24. 兵三进一　炮3平5
25. 车六平七　炮6平9

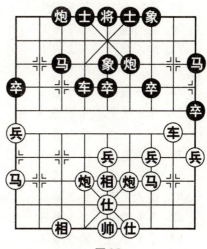

图95

26. 炮四进二　马8进7
27. 炮四平二　卒5进1
28. 兵五进一　马7退5
29. 炮六平七　马5退4
30. 车七平六　马4进2！
31. 车六平八　车5进1
32. 炮二退四　车5平4
33. 炮七平六　马3进5
34. 马三进五　车4平8
35. 马五进七　马2退3
36. 炮二平三　马5进3
37. 车八进二　炮9进4
38. 炮三进五　炮9进3
39. 相五退三　炮9退4
40. 相七进五　车8进2
41. 兵三进一！后马进5
42. 兵三平四　马5进6
43. 炮三平四　炮9平3
44. 相五进七　马6进7
45. 炮六平五　车8平5
46. 炮四平七！象5退3
47. 车八进三　象7进5
48. 炮七平一　士5退4
49. 车八退三　马7退6
50. 炮一进三　士6进5
51. 车八平二　士5进4
52. 车二进三　将5进1
53. 车二退一　将5退1
54. 兵四进一　马6进5
55. 相三进五　车5平6
56. 车二进一　将5进1
57. 兵四平三　车6平7
58. 兵三平四　车7平6
59. 兵四平三　车6平7
60. 兵三平四　车7退4
61. 炮一退一　车7平9
62. 炮一进一　车9平7
63. 车二退一　将5退1
64. 车二进一　将5进1
65. 炮一平六！马3进5
66. 车二退三　将5退1
67. 炮六退一　士4退5

68. 炮六平九　象5退7

69. 炮九进一　士5退4

70. 相七退九　车7平1

71. 炮九平八　车1平2

72. 炮八平九　车2进1

73. 车二进三　车2平6

74. 车二平三　将5进1

75. 车三退一　车6退2

76. 车三退四　马5退3

77. 车三平七　车6进3

78. 炮九平六　象3进5

79. 炮六退七　车6平5

80. 相五退三　车5进1

81. 炮六平五　将5平6

82. 车七退一　车5平6

83. 车七平五　象5退3

84. 炮五平四　车6平5

85. 车五平七　马3进1

86. 车七进五　将6进1

87. 车七进一　将6退1

88. 车七退三　（图96）

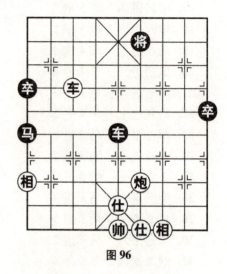

图96

第49局　赵鑫鑫胜张强

1. 兵七进一　炮2平3

2. 炮二平五　象3进5

3. 马二进三　卒3进1

4. 车一平二　卒3进1

5. 马八进九　车9进1

6. 车九平八　车9平4

7. 炮五进四　士4进5

8. 炮五平一　马8进9

9. 车二进四　卒7进1

10. 车二平七　车4进2

11. 炮一退二　马2进4

12. 仕六进五　车1平2

13. 相三进五　马9进8　（图97）

14. 兵三进一　马4进3

15. 车七平四　卒7进1

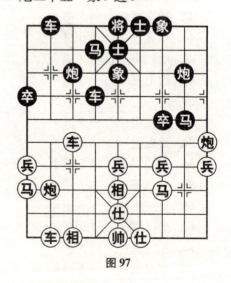

图97

16. 车四平三　车4进5
17. 炮八进五！将5平4
18. 炮一平二！炮8平7
19. 炮二退三　车4退3
20. 车三平二！车4平8
21. 马三进二　炮7平8
22. 炮二进四　炮8进3
23. 车八进六　马3进5
24. 仕五进四　炮8进1
25. 仕四进五　马5进4
26. 炮二平八！炮3进1
27. 兵九进一　将4平5
28. 车八平七　车2进2
29. 炮八平六　车2进2
30. 炮六进一　炮8退3
31. 炮六退二！炮8进3
32. 车七平九　车2平5
33. 炮六平五　马4退3
34. 车九平二　炮8平6
35. 车二平四　炮6平8
36. 马九进八　马3进5
37. 马八进七　车5平9
38. 兵五进一　象5进3
39. 马七退五　车9进2
40. 马五退三　车9进3
41. 仕五退四　炮8进3?
42. 相五退三　炮8退4
43. 车四平二　炮8平5
44. 车二平七　车9平7?
45. 马三进四　车7退7
46. 车七进三　士5退4
47. 车七退四　炮5退4
48. 车七平六　炮5进1
49. 马四进六　将5进1
50. 马六进八　将5平6
51. 车六进三　将6进1
52. 车六进一　士6进5
53. 车六退一！车7进3
54. 车六平五　车7平1
55. 车五进一　车1平5
56. 帅五平六　车5平4
57. 帅六平五　车4平5
58. 帅五平六　车5平4
59. 帅六平五　车4平5
60. 帅五平六　将6退1
61. 马八进六　炮5退1
62. 车五平三　炮5退1
63. 车三退一　将6退1
64. 车三退三　车5平4
65. 帅六平五　车4平6
66. 帅五平六　车6平4
67. 帅六平五　车4平6
68. 帅五平六　车6平4
69. 帅六平五　车4平6
70. 帅五进一　车6退3
71. 车三平六　炮5进1
72. 帅五平六　炮5退1
73. 仕四进五　炮5进1
74. 马六退八　车6平2
75. 车六进四　将6进1
76. 马八退六　炮5进1
77. 马六退七　车2进6
78. 帅六退一　车2退5
79. 车六退一　将6退1
80. 车六退一　车2平3
81. 马七退六　炮5退1
82. 相七进五　车3平6
83. 马六进五　车6平5

84. 马五退三　炮5进1
85. 马三退一　将6进1
86. 马一进二　车5平8
87. 马二退四　炮5退1
88. 车六退二　将6退1
89. 车六平五　车8平4
90. 帅六平五　将6平5
91. 车五进二！车4平9
92. 马四进五　车9进6
93. 仕五退四　车9退8
94. 帅五平六　车9平7
95. 车五平六　将5平6
96. 车六进一！（图98）

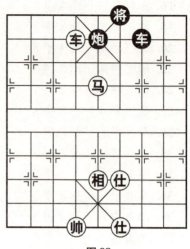

图98

第50局　许银川胜才溢

1. 兵七进一　炮2平3	2. 炮二平五　象3进5
3. 马二进三　卒3进1	4. 车一平二　卒3进1
5. 马八进九　车9进1	6. 车九平八　车9平4
7. 仕六进五　车4进2	8. 炮八平六　马2进1
9. 兵三进一　马8进9	10. 马三进四　车1平2？

11. 车八进九　马1退2
12. 车二进五！卒9进1
13. 车二平八　马2进4（图99）
14. 车八平六　车4进1
15. 马四进六　马4进2
16. 炮五进四　士6进5
17. 相七进五　卒3平4
18. 炮五平八　卒1进1
19. 炮六平八　炮3进2
20. 后炮退二　马2进4
21. 马九退七　炮8进4
22. 兵五进一　卒4平5
23. 马七进八　炮3平2

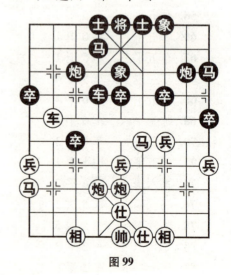

图99

24. 马八进九　卒5平4
25. 前炮平七　炮8平4
26. 马九进八　炮4退2
27. 马八退六　炮2进2
28. 兵九进一　马9进8
29. 炮七平三　马8进6
30. 炮三平四　士5进4
31. 炮八平六　士4进5
32. 炮六进五　马6退4
33. 炮四退五　马4进6
34. 炮四平一　马6退7
35. 马六退四　卒4进1
36. 马四进二　炮2退3
37. 马二进三　将5平4
38. 马三退四！象7进9
39. 炮一平二　炮2进3
40. 炮二进五！炮2平9
41. 兵三进一　马7退6
42. 兵三平四　马6进7
43. 马四退六　象5进3
44. 兵九进一　象9退7
45. 兵四平三　马7进5
46. 兵九平八　马5进6
47. 兵三平四　象3退1
48. 炮二平四　马6进7
49. 帅五平六　将4平5
50. 炮四平三　马7退6*
51. 兵八进一　炮9退1
52. 仕五进四　炮9平4
53. 帅六平五　炮4平5
54. 仕四进五　象1退3
55. 炮三平六　卒4进1
56. 帅五平四　卒4平3
57. 马六进四　炮5平6
58. 马四进三　将5平6
59. 帅四平五　卒3进1
60. 炮六平三　象7进5
61. 炮三退五　马6退4
62. 马三退二　马4进2
63. 兵四进一　将6平5
64. 兵八平七　炮6平5
65. 马二进三　将5平4
66. 炮三进二　马2退3
67. 炮三平七　炮5平1
68. 兵七进一　炮1退4
69. 兵七进一　士5退6
70. 马三退二　士4退5
71. 炮七进一　炮1进4
72. 炮七平六　马3进2
73. 炮六进一　炮1进4
74. 帅五平四　卒3进1
75. 帅四进一　炮1退1
76. 帅四退一　炮1进1
77. 帅四进一　炮1退1
78. 帅四退一　炮1进4
79. 帅四进一　炮1退4
80. 相五进七　炮1退1
81. 兵四平五　象5进3
82. 炮六退二　马2进3
83. 炮六进一　马3退4
84. 炮六退一　马2进3
85. 炮六进一　马3退2
86. 炮六退一　炮1进4
87. 帅四退一　炮1进1
88. 帅四进一　炮1退1
89. 帅四退一　炮1进1
90. 帅四进一　炮1退7
91. 兵五平六　马2退4

92. 仕五进六　炮 1 平 6　　　**93.** 帅四平五　炮 6 平 5

94. 炮六平三　炮 5 平 7　　　**95.** 炮三进二！士 5 进 4

96. 兵七进一！（图 100）

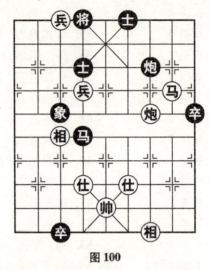

图 100

第 51 局　蒋川胜许银川

1. 兵七进一　炮 2 平 3　　　**2.** 炮二平五　象 3 进 5

3. 马二进三　卒 3 进 1　　　**4.** 车一平二　卒 3 进 1

5. 马八进九　车 9 进 1

6. 车九平八　车 9 平 4

7. 炮五进四　士 4 进 5

8. 炮五平一　马 2 进 1

9. 炮一进三　马 8 进 9

10. 炮八平五　马 1 进 3

11. 车八进六　马 3 进 4（图 101）

12. 仕六进五　马 4 进 5

13. 相七进五　车 4 进 3

14. 车二进六　车 4 平 3

15. 兵三进一　车 1 平 4

16. 兵一进一　炮 8 平 6

17. 车二进二　车 4 进 8

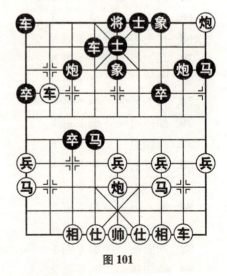

图 101

18. 马九退八！车 4 退 4	19. 车八进三　炮 3 退 2
20. 车八退一　炮 3 进 1	21. 车八进一　炮 3 退 1
22. 马八进九　车 3 平 2	23. 车八退四　车 4 平 2
24. 相五进七　马 9 进 8	25. 相三进五　炮 6 进 4
26. 兵九进一　马 8 进 7	27. 车二退二　卒 1 进 1
28. 车二平三　炮 6 进 2	29. 兵九进一　车 2 平 1
30. 车三平八　马 7 退 9	31. 马九进八　马 9 进 7？
32. 马八进七　马 7 进 9	33. 马七进五　炮 6 退 6
34. 车八平四　炮 3 平 2	35. 相五退七　车 1 平 3
36. 车四平七！车 3 退 1	37. 马五退七　马 9 进 7
38. 帅五平六　炮 2 平 4	39. 马七进五　炮 4 进 1
40. 帅六进一　炮 6 平 8	41. 马三进二　炮 8 进 1
42. 马五退三　士 5 进 4	43. 仕五进六　马 7 退 6
44. 帅六退一　马 6 进 7	45. 帅六进一　马 7 退 6
46. 帅六退一　马 6 进 7	47. 兵三进一　士 4 退 5
48. 仕六退五　炮 8 退 1	49. 马三进五　炮 8 平 9
50. 相七进五　炮 9 进 7	51. 帅六进一　炮 9 退 3
52. 马五退七　炮 4 退 1	53. 马七进五　炮 4 进 1
54. 马五退七　炮 4 退 1	55. 马七进五　炮 4 进 1
56. 马二退三　炮 9 平 8	57. 马五退七　炮 4 退 1
58. 炮一退五　炮 8 进 2	59. 炮一平三！士 5 进 4
60. 马七退六　象 7 进 5	61. 炮三退三　象 5 进 7
62. 帅六退一　象 7 退 9	63. 马三进一　炮 8 进 1
64. 相五退三　炮 4 进 5	65. 马一进二　象 9 进 7
66. 马二退三　象 7 退 9	67. 马三进四　炮 4 平 7
68. 相七退五　炮 7 退 4	69. 兵五进一　炮 8 退 3
70. 炮三进二　炮 7 平 4	71. 帅六平五　士 6 进 5
72. 马四进二　炮 8 退 1	73. 炮三平七　炮 8 进 1
74. 兵五进一　炮 8 平 4	75. 马二退三　象 9 进 7
76. 炮七进四！后炮平 2	77. 兵五平四　炮 4 退 1
78. 兵四平三　炮 4 平 3	79. 炮七平八　炮 3 平 2
80. 炮八退一　后炮平 1	81. 兵三平四　炮 1 进 8
82. 仕五进六　炮 1 退 5	83. 马三进二　炮 1 退 3
84. 相五进七　将 5 平 4	85. 马二退三　炮 1 平 4

86. 仕四进五	炮4平3
87. 兵四平五	炮3平4
88. 马三进四	炮2平1
89. 炮八退三	炮1退1
90. 炮八平一	将4平5
91. 马四进二	炮1退3
92. 兵五进一	将5平4
93. 马二退三	炮1平2
94. 马三退五	炮2进4
95. 马五进七	炮2进2
96. 炮一平七	炮2退6
97. 马七进九	将4平5
98. 马九进八	将5平6
99. 兵五平四	炮2平5

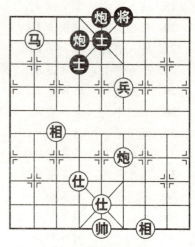

图 102

100. 炮七平四（图 102）

第52局　赵鑫鑫胜赵国荣

1. 兵七进一	炮2平3	2. 炮二平五	象3进5
3. 马二进三	卒3进1	4. 车一平二	卒3进1
5. 相七进九	卒3进1	6. 马八进六	卒3进1
7. 炮八进四	车9进1	8. 马六进七	车9平4

9. 炮五进四	士4进5
10. 马七进五	马8进9
11. 车二进五	卒9进1
12. 车二平七	车4进6
13. 炮八平三	马2进4
14. 炮五平六	马4进2
15. 车七进一	炮8平6（图103）
16. 仕六进五	车4退3
17. 炮三退二	马9进8
18. 车七退四	马8进7!
19. 车九平六	车4进5
20. 仕五退六	马7退5
21. 兵五进一	车1平4

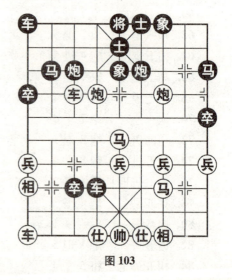

图 103

22. 车七进四　马2进3　　　23. 兵五进一　马3进4
24. 炮三平六　马4进6　　　25. 帅五进一　车4平2
26. 相三进五　车2进6　　　27. 马三进四　炮3平4
28. 前炮平五　炮4退2　　　29. 炮六退二　炮6进1
30. 车七退二　马6退8　　　31. 马四退二　车2平8
32. 炮六进六！车8平4　　　33. 炮六平九　炮4平1
34. 帅五退一　车4退3　　　35. 车七进五　车4退3
36. 车七退六　车4进3　　　37. 炮九平八　车4平3
38. 车七平四　炮6平9　　　39. 炮八退七　车3进5
40. 炮八进三　车3退4　　　41. 车四平五　炮1进2
42. 炮八平二　车3平1　　　43. 炮二平九　炮9退1
44. 炮五平四！车1平3　　　45. 炮九平三　车3平1
46. 炮三平九　车1平3　　　47. 炮四退一　车3进3
48. 炮四退三　车3退3　　　49. 炮四进三　车3进3
50. 炮四退三　车3退3　　　51. 炮四进三　车3进3
52. 相九进七　车3平2　　　53. 炮九进三　炮9平1
54. 炮四平二　车2退4　　　55. 炮二退四　车2平8
56. 炮二平一　车8进1　　　57. 炮一平九　车8退1
58. 炮九平一　车8进1　　　59. 炮一平八　车8退1
60. 炮八平一　车8进1　　　61. 炮一平九　车8退1
62. 兵五进一　车8进1　　　63. 兵五进一　象7进5
64. 炮九进五　车8平1　　　65. 炮九平二　士5进4
66. 炮二平五　士6进5　　　67. 车五平八　将5平6
68. 炮五退三　车1平8　　　69. 兵九进一　车8进2
70. 车八进六　将6进1　　　71. 炮五进三　车8平9
72. 兵九进一　车9平6　　　73. 仕六进五　车6退3
74. 炮五平八　炮1平3　　　75. 炮八进二　炮3退1
76. 兵九平八　卒9进1　　　77. 车八平一　卒9平8
78. 车一平二　卒8平9　　　79. 车二退二　车6平5
80. 相五退三　卒9进1　　　81. 相七退五　将6退1
82. 车二进二　将6进1　　　83. 车二退五　将6退1
84. 车二平四　将6平5　　　85. 车四平七　炮3进2
86. 炮八退二　炮3退3　　　87. 炮八进三　炮3进3
88. 车七退一　车5平9　　　89. 炮八退二！士5进6

90. 车七平五　炮3退2

91. 车五进四　士6退5

92. 车五退二　炮3平2

93. 炮八平九　车9平1

94. 炮九平七　车1平3

95. 炮七平九　车3平1

96. 炮九平七　车1平3

97. 炮七平九　卒9平8

98. 炮九退三　车3进3

99. 车五平二　卒8平7

100. 炮九平五　士5退6

101. 兵八进一　炮2平4

102. 车二进三　将5平4

103. 车二进一　将4平5

105. 炮五平一！（图104）

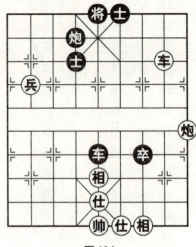

图104

104. 车二退二　车3平5

第53局　洪智胜蒋川

1. 兵七进一　炮2平3	2. 炮二平五　象3进5
3. 马二进三　卒3进1	4. 马八进九　卒3进1
5. 车九平八　车9进1	6. 仕六进五　车9平4

7. 炮五进四　士4进5

8. 炮五平一　炮8平9！

9. 车一平二　马8进7

10. 炮一退二　马7进5

11. 兵三进一　卒3进1

12. 炮八平四　马5进3

13. 相七进五　马2进1

14. 车二进五　卒3平2！（图105）

15. 相五进七！车1平2

16. 相三进五　车4平2

17. 马九退七　卒2平3

18. 车八进八　车2进1

19. 马七进九　马3退4

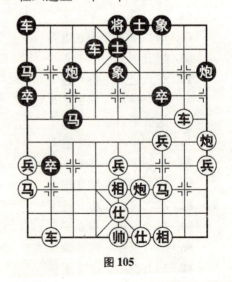

图105

68

20. 马三进四	卒 3 进 1		**21.** 马四进三	卒 3 平 2
22. 马三进四!	炮 3 退 1		**23.** 炮四平三	炮 9 平 7
24. 炮三进五	炮 3 平 6		**25.** 马九退八	卒 2 进 1
26. 马八进六	炮 6 进 5!		**27.** 仕五退六	卒 2 平 3
28. 马六进四	炮 6 平 1		**29.** 车二平六	马 1 进 3
30. 炮三平六	士 5 进 4		**31.** 马四进五	炮 1 进 3
32. 相五退七	车 2 进 7!		**33.** 炮一进二!	卒 3 平 4
34. 炮一平六	炮 1 平 4		**35.** 炮六平五	将 5 平 4
36. 车六平四	士 6 进 5		**37.** 马五进四	马 3 进 1
38. 相七退九	马 1 进 2		**39.** 车四退三	马 2 进 3
40. 仕四进五	车 2 退 2		**41.** 马四退五	车 2 退 3
42. 炮五平四	车 2 进 3		**43.** 炮四平五	车 2 退 3
44. 炮五平四	车 2 进 3		**45.** 炮四平五	车 2 退 3
46. 炮五平四	车 2 进 3		**47.** 炮四平五	车 2 退 3
48. 炮五平四	卒 4 平 5?		**49.** 帅五进一	炮 4 退 5
50. 兵三进一	炮 4 平 5		**51.** 兵三平四	炮 5 进 2
52. 炮四平六	将 4 平 5		**53.** 车四平七	车 2 进 2
54. 相九进七!	马 3 进 1		**55.** 车七进一	马 1 退 2?
56. 车七平五	马 2 进 3		**57.** 帅五平四	车 2 平 3
58. 车五退一	卒 1 进 1		**59.** 帅四退一	卒 1 进 1
60. 炮六平一	马 3 退 2		**61.** 炮一退二	车 3 进 4
62. 帅四进一	车 3 退 1		**63.** 帅四退一	车 3 进 1
64. 帅四进一	车 3 退 1		**65.** 帅四退一	马 2 退 4
66. 车五平六	车 3 进 1		**67.** 帅四进一	车 3 退 1
68. 帅四退一	车 3 进 1		**69.** 帅四进一	车 3 退 1
70. 帅四退一	车 3 进 1		**71.** 帅四进一	车 3 平 5
72. 炮一进五	象 7 进 9		**73.** 马五进四	车 5 退 3
74. 马四进三	将 5 平 4		**75.** 炮一平二	车 5 平 6
76. 帅四平五	车 6 平 7		**77.** 马三退五	车 7 平 5
78. 帅五平四	车 5 退 4?		**79.** 车六进一	车 5 平 8
80. 车六平七	车 8 进 2		**81.** 车七进六	将 4 进 1
82. 兵四进一	车 8 退 1		**83.** 车七退三	将 4 退 1
84. 炮二平一	将 4 平 5		**85.** 帅四平五	将 5 平 6
86. 兵四平三	车 8 进 5		**87.** 帅五退一	车 8 平 7

88. 兵三平二　车7进1　　89. 帅五进一　车7退1

90. 帅五退一　车7退6　　91. 车七平四　将6平5

92. 兵二平三　车7平5　　93. 帅五平四　将5平4

94. 车四平九　卒1平2

95. 车九进三　将4进1

96. 炮一退一　士5退6

97. 车九平四　卒2平3

98. 车四退六　将4退1

99. 兵三平四　将4平5

100. 兵四进一　车5进2

101. 兵四平三　士4退5

102. 炮一进一　将5平4

103. 车四平八　将4平5

104. 兵三进一　卒3平4

105. 兵三平四　士5退4

106. 车八平四　卒4进1

107. 兵四平三！（图106）

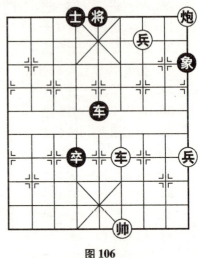

图 106

第54局　蒋川胜赵国荣

1. 兵七进一　炮2平3　　2. 炮二平五　象3进5

3. 马二进三　卒3进1

4. 车一平二　卒3进1

5. 马八进九　车9进1

6. 车九平八　车9平4

7. 炮五进四　士4进5

8. 炮五平一　马2进1

9. 仕六进五　马8进9

10. 炮八平六　车1平2

11. 车八进九　马1退2

12. 相三进五　炮8平7

13. 兵九进一　卒7进1

14. 车二进六　车4进4（图107）

15. 炮一退二　炮3退2

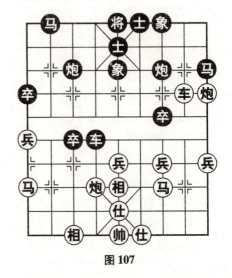

图 107

16. 车二进一　炮3进2　　17. 兵三进一　车4退1

18. 车二退三　车4平5　　19. 兵五进一！车5进1

20. 兵三进一　车5退1　　21. 车二平七　车5平7

22. 马三进五　炮3退2！　23. 马九进八　马2进3

24. 车七平六　车7平3　　25. 马五进三　车3平7

26. 马三退五　车7平3　　27. 马五进三　车3平7

28. 马三退五　车7平3　　29. 马五进三　卒1进1

30. 兵九进一　车3平1　　31. 马八进六　马3进4

32. 炮六进三　车1退1　　33. 炮六平五　车1平5

34. 炮五平九　车5平1　　35. 炮九平八　车1平2

36. 炮八平九　车2平1　　37. 炮九平八　炮3平2

38. 车六进一　炮2进1　　39. 马三退四　车1平5

40. 炮一平五　马9进7　　41. 炮八退二　炮7退1

42. 兵一进一　马7进6　　43. 炮八平五　车5平3

44. 后炮平三　车3平5　　45. 炮三平五　车5平3

46. 后炮平三　车3平5　　47. 炮三平五　车5平3

48. 后炮平三　炮7平8　　49. 仕五退六　车3进3

50. 车六平三　将5平4　　51. 车三平六　将4平5

52. 车六平九　炮2平4　　53. 炮三进五　车3平6

54. 仕六进五　马6进8　　55. 马四进二　车6平8

56. 炮三退二　车8平5　　57. 炮五平二　车5退3

58. 炮三退三　车5进3　　59. 炮三进三　车5退3

60. 炮三退三　炮4进7　　61. 帅五平六　车5平4

62. 帅六平五　车4平5　　63. 车九平六　炮4平1

64. 车六平八　炮1进1　　65. 车八退五　炮1退7

66. 炮三平七　车5进1　　67. 相五退三　炮1平4

68. 炮二平九　象5退3　　69. 相七进五　象7进5

70. 车八进六　炮8进5　　71. 炮七平三　车5平1

72. 炮九平五　车1平5　　73. 炮五平二　车5平8

74. 炮二平五　车8平5　　75. 炮五平二　车5平7

76. 炮三平五　车7平8　　77. 炮二平五　车8进1

78. 前炮平三　将5平4　　79. 兵一进一　炮8平6

80. 相三进一　炮6退4　　81. 炮五平九　将4平5

82. 炮九平五　炮6平7　　83. 车八平七　将5平4

84. 车七平六　车8进1　　85. 炮五进三　车8退3

86. 车六平七　车8平6　　87. 炮三平六　炮4平2

88. 车七平六　将4平5　　89. 炮六平五　炮2平4

90. 兵一平二　将5平4　　91. 后炮平六　将4平5

92. 炮六平八　炮4退2　　93. 兵二平三　炮7平8

94. 炮八平三　车6平9　　95. 相一退三　炮4进2

96. 兵三平四　将5平4　　97. 炮三平六　将4平5

98. 炮六平八　车9平7　　99. 兵四平五　炮8进1

100. 炮八进五　象3进1　　101. 车六平七　将5平4?

102. 车七进三　将4进1　　103. 车七退一　将4退1

104. 炮八退三!　炮8退2　　105. 车七退一　车7进1

106. 车七平九　车7平5　　107. 车九进二　将4进1

108. 炮五平六　炮4平3　　109. 炮六退四　车5平2

110. 炮八平七　车2平3　　111. 炮七平三　车3平7

112. 炮三平七　车7平3　　113. 炮七平三　车3平7

114. 炮三平七　车7平3　　115. 炮七平三　车3平5

116. 炮三进二　士5进6　　117. 车九退一　将4退1

118. 炮三平六　将4平5　　119. 车九进一　炮3退2!

120. 相五进七!　车5平3　　121. 后炮平七!　车3进1

122. 炮七进七　将5平4　　123. 炮七退一　将4进1

124. 炮七平二　车3进4　　125. 仕五退六　车3平4

126. 帅五进一　车4平6　　127. 车九平四　将4平5

128. 车四平三　车6退5　　129. 车三退一　将5退1

130. 炮二退六　将5平4　　131. 车三退五　车6平4

132. 炮二平五　象5进3　　133. 相三进一　车4进4

134. 帅五退一　车4进1　　135. 帅五进一　车4退1

136. 帅五退一　车4退1　　137. 帅五进一　车4退1

138. 帅五退一　车4退4　　139. 车三平四　士6退5

140. 车四平八　士5进4　　141. 车八平五　象3退1

142. 炮五平八　车4进3　　143. 炮八进一　士4退5

144. 车五进五　车4平9　　145. 车五退二　车9平4

146. 炮八进六　象1进3　　147. 车五进三　将4进1

148. 炮八平六　车4平8　　149. 车五退三　(图108)

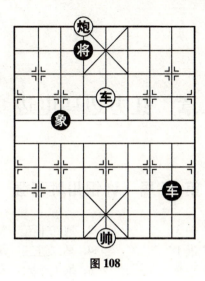

图 108

第二章　红方边马屯边变例

第55局　许银川胜张强

1. 兵七进一　炮2平3
2. 炮二平五　象3进5
3. 马八进九　卒7进1
4. 马二进三　马8进7
5. 车九平八　车9平8
6. 炮八平六　马2进4
7. 车一进一　马7进8?
8. 车八进八　马4进6
9. 炮五进四！　士4进5（图109）
10. 车一平八！车1平4
11. 前车进一　马6进5
12. 前车平六　将5平4
13. 车八进八　炮3退2
14. 马九退七！马5进3
15. 炮六退一　马8退7
16. 马七进六　马3退4
17. 炮五退一　炮8进1
18. 炮六进五　炮8平5
19. 马六进八　车8进7
20. 马八进九！将4平5
21. 炮六进二！炮3平4
22. 马九进七！车8平7
23. 炮六平九！（图110）

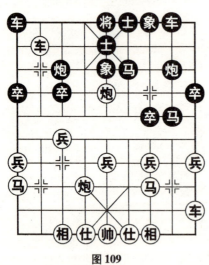

图109

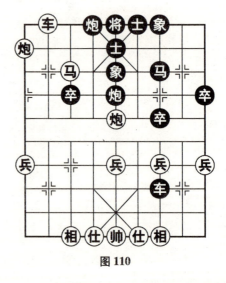

图110

第 56 局 赵国荣胜徐天红

1. 兵七进一　炮2平3
2. 炮二平五　象3进5
3. 马八进九　卒7进1
4. 马二进三　马8进7
5. 车一平二　车9平8
6. 车二进四　炮8平9
7. 车二进五　马7退8
8. 炮五进四　士4进5
9. 兵五进一　炮3进3
10. 相七进五　马2进3
11. 炮五平二　炮3进2
12. 马三进五　车1平2
13. 炮八进四　炮3平4（图111）
14. 兵五进一　炮9进4
15. 兵三进一　炮9退2!
16. 仕六进五　卒3进1
17. 车九平八　炮4退6
18. 兵三进一　炮9平5
19. 兵三平四　炮5进1
20. 兵四平五　马8进9
21. 炮二进一!　炮4进1
22. 炮二平六　士5进4
23. 马九进七　炮5平6
24. 马七进六!　车2平3
25. 炮八平五!（图112）

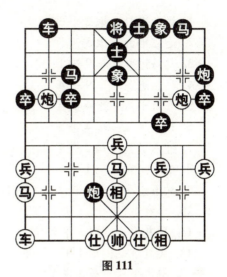

图 111

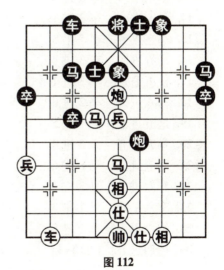

图 112

第 57 局　赵鑫鑫胜蒋川

1. 兵七进一　炮2平3
2. 炮二平五　象3进5
3. 马八进九　车9进1
4. 马二进三　车9平4
5. 车九平八　士4进5
6. 车一平二　车4进3
7. 仕六进五　马2进1
8. 炮八平六　卒1进1
9. 兵五进一　马1进2　　（图113）
10. 车八进三　卒1进1
11. 兵九进一　炮3平2
12. 兵五进一!　车4平5
13. 车八平六　车5进1
14. 兵七进一　卒3进1
15. 马三进五　车5平3
16. 马五进四　车3进4
17. 仕五退六　卒3进1
18. 车六进二　马2进3?
19. 炮五进五!　象7进5
20. 马四进五　士5进4
21. 马五进三　马8进6
22. 车六进二!　马3进1
23. 车六平八　马1进3
24. 炮六退一　车1进5
25. 仕四进五!（图114）

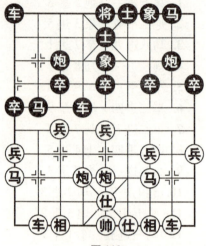

图 113

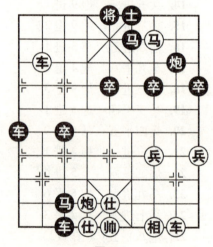

图 114

第58局 洪智胜吕钦

1. 兵七进一　炮2平3
2. 炮二平五　象3进5
3. 马八进九　车9进1
4. 马二进三　车9平4
5. 车九平八　士4进5
6. 车一平二　马8进9
7. 兵三进一　车4进3
8. 马三进四　车4平6
9. 炮八进二　马2进4
10. 炮五平四　车6平1
11. 马四进三　炮8平6
12. 马三进二　前车进2（图115）
13. 马二退四　炮3平6
14. 车二进三　后车平2
15. 相三进五　车1平4
16. 炮四平三　车2进4
17. 炮三进一！车4退2
18. 车二进五　炮6进1
19. 马九进七　车4平8
20. 车二平四　炮6平7
21. 兵七进一！车2平3
22. 炮八进四！车3平6？
23. 车四退三　车8平6
24. 炮三进三　马9进7
25. 炮八平九　士5进4
26. 车八进八　马4进6
27. 马七进八（图116）

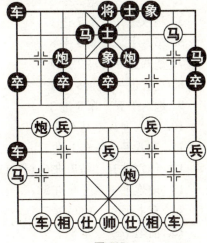

图 115

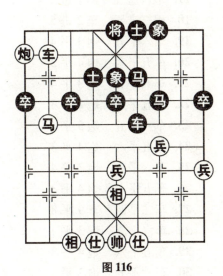

图 116

第 59 局　柳大华和张强

1. 兵七进一　炮 2 平 3	2. 炮二平五　象 3 进 5
3. 马八进九　卒 7 进 1	4. 马二进三　马 8 进 7
5. 车一平二　车 9 平 8	6. 车九平八　炮 8 进 4

7. 炮八进一　马 2 进 4

8. 兵五进一！炮 8 退 1

9. 炮八平五　车 8 进 3

10. 车八进八　马 4 进 6

11. 车八平七　车 1 进 2

12. 仕六进五　马 7 进 6（图 117）

13. 前炮进三　士 6 进 5

14. 车七平六　前马进 7

15. 前炮平一！车 8 平 9

16. 车二进四　车 1 平 2

17. 车六退五　马 7 进 5

18. 相三进五　车 2 进 5

19. 车六平五　炮 3 平 4！

20. 车五平六　炮 4 平 3

21. 车六平五　炮 3 平 4

22. 车五平六　炮 4 平 3

23. 车六平五　炮 3 平 4

24. 车五平六　炮 4 平 3

25. 车六平五　炮 3 平 4

26. 车五平六　炮 4 平 3

27. 车二平四　车 9 平 8

28. 车六平五　炮 3 平 4

29. 车五平六　炮 4 平 3

30. 车六平五　炮 3 平 4

31. 兵五平六　炮 4 平 3

32. 车六平五　炮 3 平 4

33. 车五平六（图 118）

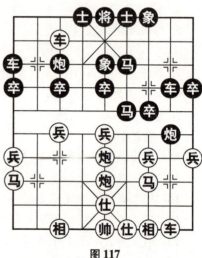

图 117

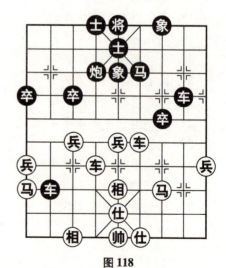

图 118

第60局 吕钦胜徐天红

1. 兵七进一　炮2平3
2. 炮二平五　象3进5
3. 马八进九　卒7进1
4. 马二进三　马8进7
5. 车一平二　车9平8
6. 车二进六　马2进4
7. 车九平八　炮8平9
8. 车二进三　马7退8
9. 炮八平六　车1进1?
10. 兵五进一　马8进7
11. 车八进五　炮9退1
12. 车八平六　士4进5 （图119）
13. 兵五进一　炮3退2
14. 兵五进一！马4进5
15. 车六平五　车1平4
16. 仕六进五　马5退3
17. 车五平三　马3进5
18. 车三平五　炮9平7
19. 兵三进一　炮3进5
20. 马三进五　车4进4
21. 相三进一　炮3退1
22. 炮五平三！炮3平1
23. 马九进七　马5进3
24. 马七进八　士5进4
25. 车五平六　车4平2
26. 炮三进五　车2退1
27. 兵九进一　车2进2
28. 兵九进一　车2平5
29. 兵九平八　马3进2
30. 车六进二　炮7平3
31. 炮六平二　炮3进8?
32. 帅五平六　炮3退4
33. 车六进二　将5进1
34. 炮二进六　车5平8
35. 炮三平一！（图120）

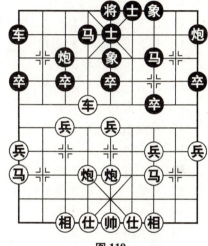

图119

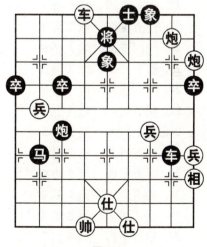

图120

第61局　陶汉明负吕钦

1. 兵七进一　炮2平3　　　　2. 炮二平五　象3进5
3. 马八进九　车9进1　　　　4. 马二进三　车9平4
5. 车一平二　车4进3　　　　6. 炮五进四　士4进5
7. 炮八平五　卒9进1　　　　8. 车九平八　马8进9
9. 前炮退一　马2进1
10. 仕六进五　车1平2（图121）
11. 兵五进一　卒3进1！
12. 马三进五　卒3进1
13. 马五进七　车4平3
14. 车八进九　马1退2
15. 马七退六　炮8平7
16. 兵三进一　炮3进7！
17. 车二进三　炮7进3
18. 后炮平一　炮3平1
19. 车二平七　车3进2
20. 马九进七　马2进3
21. 炮一进三　马9进8
22. 炮一进四　马8进7
23. 仕五进四　炮7进4
24. 仕四进五　炮7平8
25. 炮五平一　炮8退3
26. 马六退八　炮1平3
27. 兵五进一　炮3退2
28. 马七进九　炮3平5
29. 仕五进六　马7退5！
30. 兵五平四　马5进6
31. 帅五进一　炮5退2
32. 马八进七　炮8平4
33. 帅五平四　马6退7
34. 后炮平二　马7进8
35. 帅四退一　马8退6（图122）

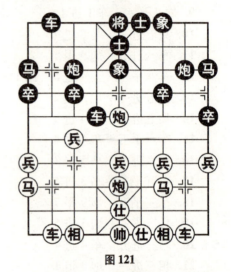

图 121

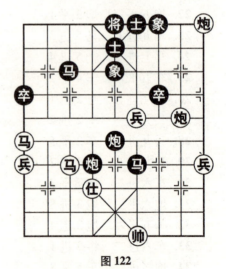

图 122

第62局 洪智胜谢岿

1. 兵七进一 炮2平3
2. 炮二平五 象3进5
3. 马八进九 车9进1
4. 马二进三 车9平4
5. 车九平八 士4进5
6. 车一平二 马8进9
7. 炮五进四 卒9进1
8. 炮五退一 炮8平6
9. 相三进五 卒1进1
10. 仕四进五 马2进1
11. 炮八平六 车4进3
12. 兵五进一 车1平2（图123）

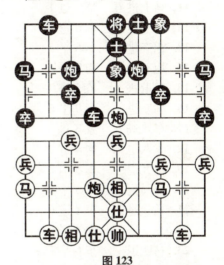

图123

13. 车八进九 马1退2
14. 车二平四 马2进1
15. 兵三进一 车4进2
16. 车四进五 车4平1
17. 炮五进一 卒1进1
18. 车四平九 炮3退2!
19. 车九平六 卒1平2
20. 马九退七! 马1退2
21. 车六平四 炮6平8
22. 兵三进一! 马2进3
23. 炮五退一 炮8进6
24. 车四退四 炮8退2
25. 兵三平四 卒2平3
26. 相五进七 马3进1
27. 马三进五 卒3进1
28. 炮六平三 将5平4
29. 车四进一 卒3进1
30. 马五进七 车1平4
31. 车四平九 炮8退3
32. 兵四进一 马1退2?
33. 炮三进七! 象5退7
34. 车九进七 将4进1
35. 车九平七 车4平9
36. 前马进六（图124）

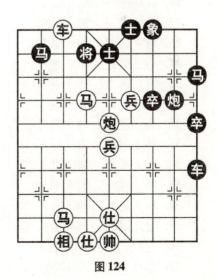

图124

第63局　陶汉明胜于幼华

1. 兵三进一　炮8平7
2. 炮八平五　象7进5
3. 马二进一　车1进1
4. 车一平二　车1平6
5. 马八进七　士6进5
6. 仕四进五　车6进3
7. 炮二平四　马8进9
8. 车九平八　马2进1
9. 炮五进四　卒9进1
10. 兵五进一　卒7进1（图125）

11. 马七进五　卒7进1
12. 马五进三　车6进1
13. 相三进五　车6平5
14. 炮五平九　炮2平4
15. 兵七进一　象5进7?
16. 马三进一　车9平6
17. 车八进五　象3进5
18. 车八退二　炮4进2
19. 炮九退二　车5退2
20. 前马退二　车5平8
21. 马二进四　车8进6
22. 马一退二　炮4平6
23. 马四退二　车6平7
24. 后马进一　炮7退1!
25. 兵一进一　炮7平9
26. 马一进三　炮6退2
27. 马三进五　车7进3
28. 炮九进二!　卒3进1
29. 炮四进四　车7退3
30. 马二进三!　马9进7
31. 兵七进一　炮9平7
32. 兵七平六　炮7进3
33. 马五进三　炮6平7
34. 马三退五　马7进6
35. 炮九退二　马6退8
36. 炮四平九　象5退3
37. 车八平二（图126）

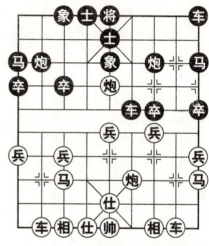

图 125

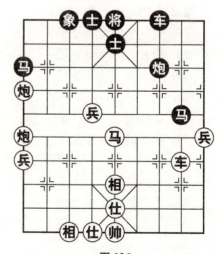

图 126

第64局 洪智负张强

1. 兵七进一　炮2平3
2. 炮二平五　象3进5
3. 马八进九　卒7进1
4. 马二进三　马8进7
5. 车一平二　车9平8
6. 车二进四　炮8平9
7. 车二进五　马7退8
8. 炮五进四　士4进5
9. 车九平八　马8进7
10. 炮五退一　马2进1（图127）

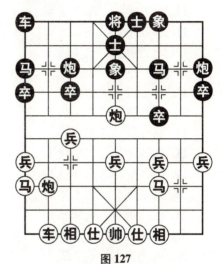

图 127

11. 炮八进六！马7进6
12. 炮八退三？卒3进1！
13. 兵七进一　炮3平2！
14. 车八平九　车1平3
15. 兵七平六　车3进7
16. 相七进五　车3平2！
17. 兵九进一　炮2平3
18. 炮八平七　马6进7
19. 兵六进一　卒7进1
20. 仕六进五　炮9平7
21. 炮五进一　卒7平6
22. 马三退一　马7退6
23. 马一进二　卒6进1
24. 炮七平五　卒6平5
25. 车九平六　卒5进1
26. 兵六进一　车2退3！
27. 兵六进一　炮3平4
28. 车六平七　炮4平3
29. 兵六平五　士6进5
30. 前炮进二　车2进3
31. 马二进四　车2平1
32. 马四进六　炮3退1
33. 车七进四　马6进7
34. 相三进五　马7进6！
35. 前炮平四　象5进3
36. 车七平三　车1进2
37. 仕五退六　马6退4（图128）

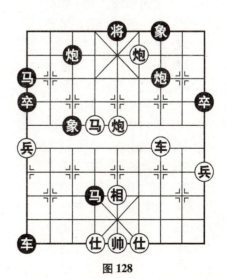

图 128

第65局　洪智负王天一

1. 兵七进一　炮2平3	2. 炮二平五　象3进5
3. 马八进九　车9进1	4. 马二进三　车9平4
5. 车九平八　士4进5	6. 车一平二　车4进3
7. 兵三进一　马2进4	8. 马三进四　车4平6
9. 炮八进二　炮3平2	10. 炮五平四　车6平5

11. 兵五进一　车5平4
12. 车八平九　马8进9
13. 马四进三　车4进2!
14. 马三进一　象7进9（图129）
15. 车二进五　卒1进1!
16. 炮八退三　卒1进1
17. 兵九进一　车1进5
18. 炮四进二　车1进1
19. 炮四进四　车4进2!
20. 炮八平九　车1平2
21. 仕四进五　炮8平6
22. 马九退七?　车4平3
23. 炮九进六　炮2进3
24. 炮四平六　炮2平5
25. 相三进五　炮6平1
26. 车九进七　车2平4
27. 车九进一　车3进1
28. 帅五平四　车4平6
29. 帅四平五　车6平9
30. 车二平四　车9进3
31. 车四退五　车9退1!
32. 车九退七　车3退3
33. 炮六退七　车9退1
34. 炮六进一　车9平5
35. 车四进四　士5退4
36. 帅五平四　士6进5
37. 车四退二　车5退1（图130）

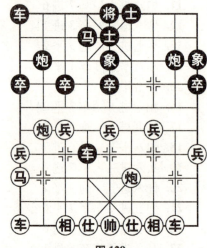

图129

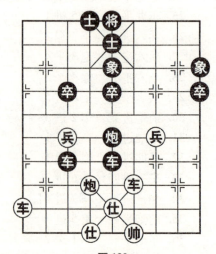

图130

第 66 局 许银川胜申鹏

1. 兵七进一　炮 2 平 3
2. 炮二平五　象 3 进 5
3. 马八进九　卒 7 进 1
4. 马二进三　马 8 进 7
5. 车一平二　车 9 平 8
6. 车二进四　炮 8 平 9
7. 车二平六　车 8 进 1？
8. 炮八平六　马 2 进 1
9. 车九平八　车 1 平 2？
10. 车八进九　马 1 退 2（图 131）

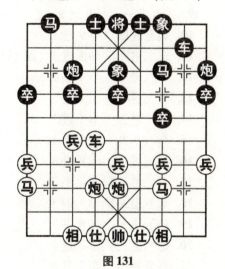

图 131

11. 马九进七　卒 3 进 1
12. 马七退六！卒 3 进 1
13. 车六平七　车 8 平 4
14. 仕六进五　车 4 进 3
15. 马六进八　炮 3 平 4
16. 炮六进五　车 4 退
17. 兵三进一　车 4 进 2
18. 马三进四　车 4 平 2
19. 马八进六　卒 7 进 1
20. 马四进五　马 7 进 8
21. 车七平三　炮 9 进 4
22. 马六进五　马 2 进 4
23. 前马退三！士 4 进 5
24. 马三进二　炮 9 平 1
25. 马二进一　炮 1 进 3
26. 仕五退六　马 8 退 9
27. 车三平七　马 4 进 2
28. 马一退二　车 2 平 4
29. 仕四进五　车 4 平 3
30. 车七平八　马 2 退 3
31. 马五退七！马 3 进 4
32. 炮五平七　车 3 平 6
33. 车八进五　士 5 退 4
34. 马七进六　车 6 平 3
35. 马二退四！士 6 进 5
36. 马四进六　士 5 进 4

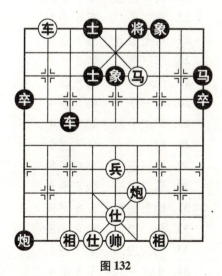

图 132

37. 马六进四　将5平6

38. 炮七平四（图132）

第67局　赵国荣胜于幼华

1. 兵七进一　炮2平3

2. 炮二平五　象3进5

3. 马八进九　车9进1

4. 马二进三　车9平4

5. 车九平八　士4进5

6. 仕六进五　车4进3

7. 炮八平六　马2进1

8. 车一平二　卒1进1

9. 兵五进一　马8进9

10. 炮五进四　卒9进1

11. 车二进六　马1进2（图133）

12. 车八进三　卒1进1

13. 兵九进一　车1进5

14. 相三进五　车1进1

15. 车八平九　马2进1

16. 兵三进一　马9进8

17. 兵三进一！车4平7？

18. 炮五退一！马1退3

19. 相五进七　马8进7

20. 炮六进三！车7进1

21. 马九进七　车7平6？

22. 车二平三　车6进1

23. 马七退五　马7进9

24. 车三平二　炮8平7

25. 炮六平一　马9退7

26. 炮一平三　将5平4

27. 车二平六　炮3平4

28. 炮三退一　马7进9

29. 马三进二　车6平8

30. 马二进一　炮7平8

31. 炮三退四　车8平9

32. 马一退二　车9平8

33. 马二进四　卒3进1

34. 车六平八　车8平4

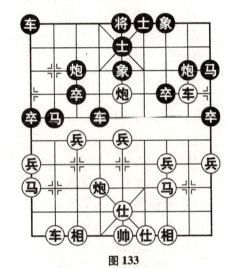

图133

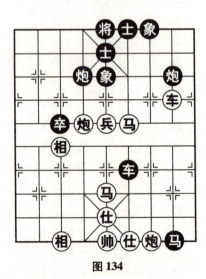

图134

35. 车八平一 车4平6　　　　**36.** 炮五平六 将4平5

37. 兵五进一 马9进8　　　　**38.** 车一平二（图134）

第68局 许银川胜汪洋

1. 兵七进一 炮2平3　　　　**2.** 炮二平五 象3进5

3. 马八进九 车9进1　　　　**4.** 车九平八 车9平4

5. 马二进三 车4进3　　　　**6.** 炮五进四 士4进5

7. 炮五平一 马8进9

8. 兵一进一 马2进4

9. 仕六进五 车1平2

10. 车一平二 炮8平7

11. 相三进五 卒3进1

12. 车二进四 卒1进1

13. 兵七进一 车4平3

14. 兵九进一 卒1进1

15. 车二平九 卒7进1（图135）

16. 炮一退一！车3进4

17. 车九平六 马4进3

18. 车六进二 车3退1！

19. 炮八进五！车2平4

20. 车六进三 将5平4

21. 兵五进一 马3进4

22. 马九进八 车3退1

23. 车八进二 炮3平4

24. 马八进六 车3平2

25. 马六进八！车2平7

26. 马三退二 车7平3

27. 马八退七 炮7进1

28. 炮八平七 车3平5

29. 车八进七 将4进1

30. 马七进九 车5退1

31. 炮七平九 炮4平3

32. 马二进四 车5平9

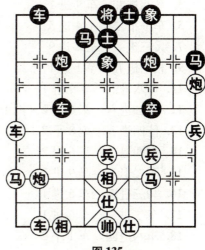

图 135

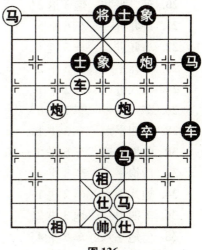

图 136

33. 车八退三　马4进6　　　**34.** 马九进八！炮7退1

35. 车八平六　士5进4　　　**36.** 炮九平七　将4平5

37. 炮七退二　卒7进1　　　**38.** 炮一平四　将5退1

39. 马八进九（图136）

第69局　才溢负王天一

1. 兵七进一　炮2平3　　　**2.** 炮二平五　象3进5

3. 马八进九　车9进1　　　**4.** 马二进三　车9平4

5. 车一平二　士4进5　　　**6.** 车九平八　车4进3

7. 兵三进一　马8进9　　　**8.** 炮五平四　车4平6

9. 相七进五　卒1进1　　　**10.** 炮八平六　马2进1

11. 车八进七　卒9进1

12. 车二进六　车6进2（图137）

13. 仕四进五　炮8平7

14. 炮四退二　车6退2

15. 车二退三　马9进8

16. 马三进四　车6进1

17. 车二进二　车6进1

18. 车八退四　车1平2

19. 车八进六　马1退2

20. 车二平九　炮3退2！

21. 兵九进一　车6平5

22. 马九进八　马2进1

23. 车九平一　车5平2

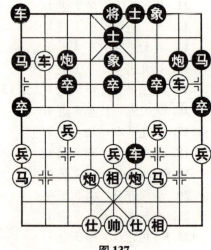

图137

24. 马八进九　车2平1　　　**25.** 炮四进四　卒3进1！

26. 车一进一　车1平6　　　**27.** 车一平三　炮7平6

28. 炮四平六　卒3进1　　　**29.** 前炮进四　马1进3

30. 前炮退三　车6平5　　　**31.** 车三平四　卒3进1

32. 后炮平八　卒3平2　　　**33.** 马九退八　马3进4

34. 炮八平六　卒2进1　　　**35.** 后炮进一　马4进2

36. 车四退二　炮3进2　　　**37.** 车四平七　卒2进1

38. 前炮平八　车5平4！　　**39.** 车七进三　车4退1！（图138）

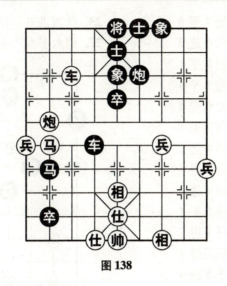

图 138

第70局　王天一胜聂铁文

1. 兵七进一　炮2平3　　　2. 炮二平五　象3进5
3. 马八进九　卒7进1　　　4. 马二进三　马8进7
5. 车一平二　车9平8　　　6. 车二进四　士4进5
7. 车九平八　炮8平9　　　8. 车二进五　马7退8
9. 炮五进四　炮3进3　　　10. 炮八平六　马2进3
11. 炮五平六　马8进7（图139）
12. 马九进七　车1平2
13. 车八进九　马3退2
14. 相七进五　象3平4
15. 马七进五！马7进6
16. 前炮平九　炮9平7
17. 炮九平一　炮7进4
18. 马五进四　炮4平6
19. 马四进三！炮7退5
20. 马三进四　卒3进1
21. 马四进六　士5进6
22. 炮一平五　士6进5
23. 兵五进一　马6进4

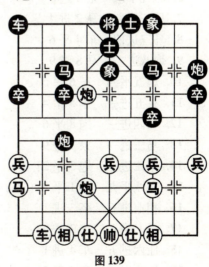

图 139

24. 炮五平二　炮7平8
25. 仕四进五　马2进1
26. 炮二退二　马4进2
27. 炮六平八　士5退6
28. 马六进四　炮8平1
29. 马四进六　炮1平4
30. 炮二退一　士6退5
31. 马六退八　马2退4
32. 兵九进一　马4进2?
33. 兵五进一　马2退4?
34. 兵五平六　马4进2
35. 炮二平五　将5平4
36. 兵六进一　马1退2
37. 炮五平七！后马进1
38. 炮七退三！士5进6
39. 炮七平八！马2退4
40. 兵九进一！（图140）

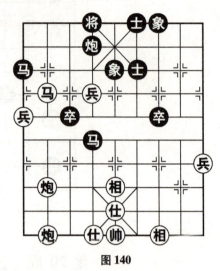

图 140

第71局　洪智负李少庚

1. 兵七进一　炮2平3
2. 炮二平五　象3进5
3. 马二进三　车9进1
4. 马八进九　车9平4
5. 车九平八　士4进5
6. 车一平二　车4进3
7. 兵三进一　马2进4
8. 马三进四　车4平6
9. 炮八进二　马8进9
10. 炮五平四　车6平5
11. 兵五进一　车5平4
12. 马四进三　炮8平6
13. 马三进一　象7进9
14. 车二进三　炮3平2！
15. 车八平九　车1平3（图141）
16. 相七进五　卒3进1
17. 兵七进一　车3进4
18. 仕六进五　车4进1
19. 炮八退三　车4平5

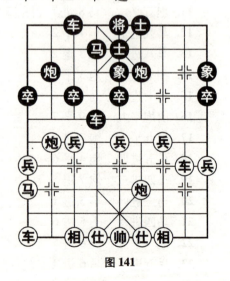

图 141

20. 车九平六	车5平2！	21. 炮八平七	炮2平4
22. 车六进六	车3平5	23. 兵九进一！	车2进3
24. 车二平七	马4进2	25. 车六平九	炮6平7！
26. 炮七退一	炮4进3	27. 车七平六	马2进3
28. 车九进三	炮4退5	29. 车六进一	马3退4
30. 车六平七	车2平4	31. 仕五进六	马4退3！

32. 车九退四　车4进1

33. 帅五进一　车4退1

34. 帅五退一　车4进1

35. 帅五进一　车5进2

36. 车七退一　车4退1

37. 帅五退一　车4进1

38. 帅五进一　车5退1

39. 帅五平四　车5平6

40. 仕六退五　车4退1

41. 车七进一　车6退2

42. 兵三进一　象9进7

43. 车九平三　炮7平6！

44. 车三退一　车6平8（图142）

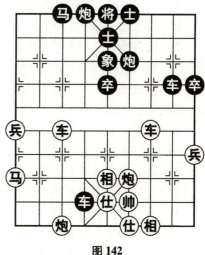

图 142

第 72 局　王天一胜徐超

1. 兵七进一　炮2平3

2. 炮二平五　象3进5

3. 马八进九　卒7进1

4. 马二进三　马8进7

5. 车九平八　车9平8

6. 车一平二　士4进5

7. 炮八平六　马2进1

8. 车二进四　炮8平9

9. 车二进五　马7退8

10. 炮五进四　车1平4

11. 仕六进五　卒1进1（图143）

12. 炮五退二　车4进5？

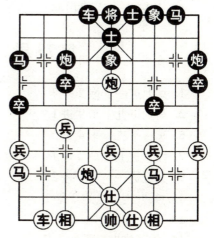

图 143

13. 相三进五　炮3平4　　14. 炮六进五　车4退3
15. 兵九进一　卒1进1　　16. 炮五平九　马8进7
17. 车八进三　马7进8　　18. 兵五进一　炮9平7
19. 兵三进一！卒7进1？　20. 马三进五　卒7平6
21. 兵五进一　马8进7　　22. 炮九平四　车4进3
23. 炮四退二　炮7平8　　24. 马五退三　马7退8
25. 马九退七　炮8平6　　26. 兵五进一　卒3进1
27. 兵七进一　象5进3　　28. 炮四退一！象3退5
29. 炮四平一　炮6平9　　30. 车八平五　马1进3
31. 炮一进五　马3进2　　32. 兵五进一　马2退4
33. 车五进二　马8退6
34. 兵五平四　车4平5
35. 车五平三　士5进6
36. 车三进四　马4进5
37. 马七进六　马5进7
38. 车三退七　车5进1
39. 马六进八　车5平9
40. 车三进四　马6退4
41. 马八进七　马4进3
42. 马七退五　士6退5
43. 车三平七　马3进2
44. 炮一平三　车9平7
45. 炮三进三！（图144）

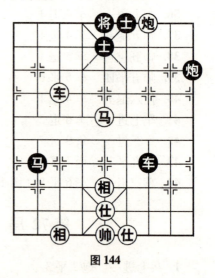

图144

第73局　赵鑫鑫胜蒋川

1. 兵七进一　炮2平3　　2. 炮二平五　象3进5
3. 马八进九　车9进1　　4. 马二进三　车9平4
5. 车一平二　车4进3　　6. 车九平八　士4进5
7. 仕六进五　马2进1　　8. 炮八平六　卒1进1
9. 兵五进一　马1进2　　10. 车八进三　卒1进1
11. 兵九进一　炮3平2　　12. 兵五进一！车4平5
13. 车八平六　车5平6　　14. 马三进五　车6进2
15. 炮五进四　马8进7　　16. 炮五退一　马7进5（图145）

17. 兵九进一　车6平7
18. 车二进四！炮8平7
19. 相三进五　马2退3
20. 兵九平八　马5进7
21. 车二平三！车7平6
22. 兵八进一　车1进4
23. 车六进二！车1平4
24. 马五进六　炮2退2
25. 兵八平七　马3进5
26. 马六进八　炮7退1
27. 前兵平六　车6退2
28. 炮五平七　马5进6
29. 炮七进三！炮2进1
30. 兵七进一　车6退1

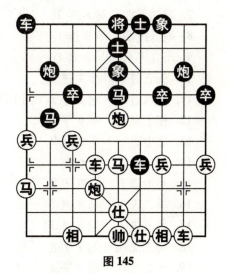
图 145

31. 炮七平三　炮2平7
33. 马九进七　士6进5

32. 兵七进一　士5退4
34. 车三平二　马6进4
35. 马七进六　车6进3
36. 兵七进一　车6平8
37. 车二平七　马7进6
38. 炮六平九　马4进5
39. 帅五平六　车8进3
40. 帅六进一！车8平6
41. 炮九退二　车6退1
42. 车七平四　士5进6
43. 马八进七　炮7平4
44. 兵七平六　车6平8
45. 车四退一（图146）

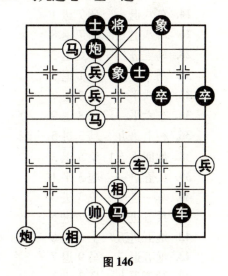
图 146

第 74 局　陶汉明胜孙勇征

1. 兵三进一　炮8平7
2. 炮八平五　象7进5
3. 马二进一　车1进1
4. 车一平二　车1平6
5. 马八进七　车6进3
6. 仕四进五　士6进5

7. 炮二平四　马8进9

8. 炮五进四　卒9进1

9. 车九平八　马2进1

10. 兵五进一　卒1进1

11. 车八进六　炮2平3（图147）

12. 相七进五　车9平8

13. 兵七进一　车8进9

14. 马一退二　车6进2

15. 马七进五　马9进8

16. 马二进三　马8进7

17. 兵五进一　炮7进3！

18. 马三退四　炮7平8

19. 马五进六　炮3平4

20. 马四进三　炮4进1

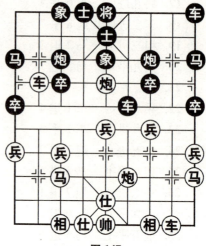

图 147

21. 车八进二　炮8退4

22. 车八退一　炮8进1

23. 车八进一　炮8退1

24. 车八退一　卒7进1

25. 炮五平二　炮8进1

26. 车八退三　马7退8

27. 兵七进一！　卒3进1

28. 马三进二　车6退3

29. 炮二平六　车6平4

30. 马二进四　马1退3

31. 马六退五　车4平2

32. 车八平六　象5退7

33. 兵一进一　卒9进1

34. 车六平一　马8退9

35. 相五退七　炮8平3

36. 相七进九　马3进5

37. 马四进五　象3进5

38. 炮四平五！　象5退3

39. 兵五进一　炮3平1

40. 车一进一　象3进5

41. 兵五进一　象7进5

42. 炮五进五　士5退6

43. 炮五退三　马9退7

44. 马五退七　卒3进1

45. 炮五退二！　车2平7

46. 相九进七　将5进1

47. 炮五平三　车7平3

48. 车一进三　车3进2

49. 车一平三　将5退1

50. 马七进五（图148）

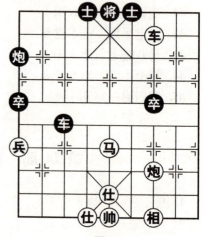

图 148

第 75 局　蒋川胜徐天红

1. 兵七进一	炮 2 平 3	2. 炮二平五	象 3 进 5
3. 马八进九	卒 7 进 1	4. 马二进三	马 8 进 7
5. 车九平八	车 9 平 8	6. 炮八平六	马 2 进 1
7. 车一平二	士 4 进 5	8. 车二进四	炮 8 平 9
9. 车二进五	马 7 退 8	10. 炮五进四	马 8 进 7

11. 炮五平九　车 1 平 4（图 149）

12. 仕六进五　炮 3 进 3

13. 相七进五　车 4 进 6

14. 兵九进一！卒 9 进 1

15. 兵九进一　马 7 进 6

16. 马九进八　炮 9 平 7

17. 炮九平八　卒 3 进 1

18. 炮八平五　车 4 退 3

19. 炮五退一　炮 3 平 8！

20. 兵九进一　车 4 平 5？

21. 兵九进一　车 5 进 1

22. 马八退六　车 5 退 1

23. 车八进九　士 5 退 4

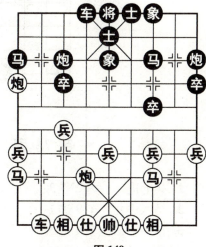

图 149

24. 车八平六	将 5 进 1	25. 车六平四	马 6 进 7
26. 车四退二	车 5 平 7	27. 兵九进一	炮 8 退 3
28. 车四退三	炮 8 退 1	29. 车四平八	炮 7 退 1
30. 兵五进一	车 7 平 3	31. 车八平九	炮 8 进 4
32. 车九进三	卒 3 进 1	33. 兵五进一	卒 3 进 1
34. 马六进四	炮 8 进 3	35. 兵五进一	炮 7 进 1
36. 车九退三	车 3 平 2	37. 马四进六	车 2 进 6
38. 仕五退六	卒 3 平 4	39. 车九退三	炮 8 退 3
40. 马六进四	炮 7 平 6	41. 炮六退一	车 2 退 6
42. 炮六平五！	炮 8 进 3	43. 车九进二	卒 4 进 1
44. 兵五进一	象 7 进 5	45. 相五退七	卒 4 平 5
46. 相七进五	车 2 平 6	47. 车九平三	车 6 平 4
48. 车三平二	将 5 平 4	49. 炮五进六	车 4 进 6

50. 帅五进一　炮6退1　　　**51.** 车二进五（图150）

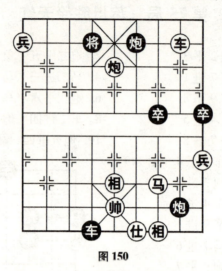

图 150

第 76 局　吕钦胜许银川

1. 兵七进一　炮2平3　　**2.** 炮二平五　象3进5
3. 马八进九　车9进1　　**4.** 马二进三　车9平4
5. 车一平二　车4进3　　**6.** 兵三进一　马2进4
7. 马三进四　车4平6　　**8.** 炮八进二　卒3进1
9. 炮五平四　车6平5
10. 兵五进一　车5平4
11. 兵七进一　车4进1？
12. 炮八退三！车4平5
13. 马四退五　车1平2（图151）
14. 兵七平八！车2平1
15. 马九进七　车5退1
16. 仕六进五　马8进9
17. 马五进四　炮8平6
18. 炮四进五　马4进6
19. 相七进五　士6进5
20. 马四进六　车1平3
21. 兵八进一　炮3进3

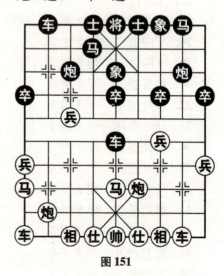

图 151

22. 车九平六	车3进4	23. 马六进五	象7进5
24. 相五进七	车5进2!	25. 马七退六	车5平2
26. 炮八进一	车3进1	27. 车二进七	象5退7
28. 炮八平五	将5平6	29. 兵八平九	车3平7
30. 车六平七	车7平4	31. 车七进七!	车4平5
32. 马六进七	车5退1	33. 马七进六!	卒9进1
34. 马六进八	车5平6	35. 车七退七	马9进8
36. 炮五平四	马8退6	37. 车二平三	车6进2

38. 车七平六	车2平5
39. 车六进二	车5平3
40. 相三进五	车3退3
41. 车六进二	卒5进1
42. 车三退一	卒5进1
43. 车六平七	车3平4
44. 后兵进一	卒5平4
45. 车七进一	卒4进1
46. 车七平一	将6平5
47. 车一进一	卒4进1
48. 马八进七	车4退2
49. 车三平四	车6退3
50. 车一平四	车4平3
51. 仕五进六（图152）	

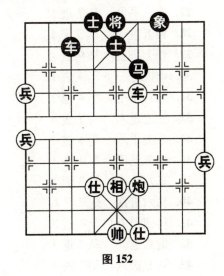

图152

第77局　蒋川胜聂铁文

1. 兵七进一	炮2平3	2. 炮二平五	象3进5
3. 马八进九	车9进1	4. 马二进三	车9平4
5. 车九平八	马8进9	6. 车一平二	士4进5
7. 仕六进五	车4进3	8. 炮八平六	卒9进1
9. 车二进六	卒1进1	10. 炮五进四	马2进1
11. 兵五进一	马1进2（图153）	12. 车八进三	卒1进1
13. 兵九进一	车1进5	14. 兵三进一	车1进1?
15. 车八平五	车1平5	16. 马三进五	炮8平7
17. 相三进五	炮3平1	18. 马九进八	炮1平2

19. 马五退七　车4进2?
20. 兵七进一！炮2进3
21. 马七进八　车4退1
22. 兵七平八　车4平5
23. 马八进六　车5退2
24. 车二退三！车5进1
25. 马六进八　炮7退1
26. 车二平八　卒7进1
27. 炮六平九　卒7进1
28. 相五进三　车5平4
29. 相七进五　马9进7
30. 炮九进三　车4进1
31. 车八平七　车4退2
32. 仕五进六　马7进6
34. 车七平八　车4进3
36. 炮九退四　车4平1
38. 车八平四　马3退1
40. 马六进四　炮7平6
41. 马四退五！车1进3
42. 炮六退一　马1退3
43. 马五进六　马3进4
44. 兵八平七　炮6平8！
45. 帅五平四！炮8退1
46. 兵七进一　车1退7
47. 车四进一　炮8进2
48. 车四平七　车1进4
49. 兵七进一　车1平6
50. 帅四平五　车6退3
51. 兵七平六　炮8平4
52. 兵六进一（图154）

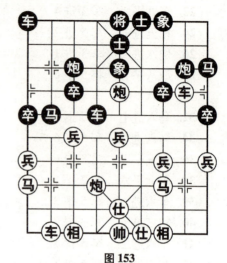

图 153

33. 仕四进五　卒3进1
35. 车八进一　马6退5
37. 炮九平六　马5退3
39. 马八退六！炮7进1

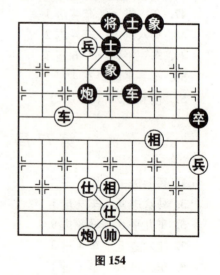

图 154

第78局　孙勇征胜徐天红

1. 兵七进一　炮2平3
2. 炮二平五　象3进5

3. 马八进九　卒7进1

4. 马二进三　马8进7

5. 车一平二　车9平8

6. 车二进四　炮8平9

7. 车二进五　马7退8

8. 炮五进四　士4进5

9. 兵五进一　炮3进3

10. 相七进五　炮3平4

11. 炮八平七　马2进4

12. 炮五平二　车1平2（图155）

13. 车九平八！车2进9

14. 马九退八　马8进7

15. 炮二平三　炮4进1

16. 兵五进一　炮4平9

17. 炮七退一　卒3进1

18. 兵三进一　前炮退2

19. 炮七平五　卒7进1

20. 相五进三　马7退8

21. 相三退五　后炮平7

22. 马三进四　马8进9

23. 炮三平二　马9退7

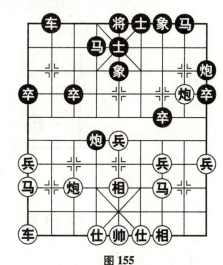

图155

24. 兵五进一　卒1进1

25. 炮二进三　马4进3

26. 兵五平六　马3退1

27. 马八进七　卒3进1

28. 马七进五　卒3平4

29. 马五进四！炮7进2

30. 前马进五　马7进5

31. 炮五进六　将5平4

32. 马四进五　炮7平8？

33. 兵六进一！马1进2

34. 兵六进一　将4进1

35. 炮五平二　象7进5

36. 前炮退四　卒4平5

37. 仕四进五　马2进4

38. 马五进三　象5退7

39. 后炮平三　象7进9

40. 炮二进一　士5进6

41. 马三进四　将4平5

42. 炮三进三　将5退1

43. 马四退五　炮9平5

44. 相三进一　马4进5

45. 相一进三　马5进3

46. 帅五平四　炮9退3

47. 马五进七　将5平4

48. 马七退六　卒5平6

49. 马六进四　象9进7

50. 炮二进一　象7退5

51. 马四退五　将4平5

52. 炮二退五（图156）

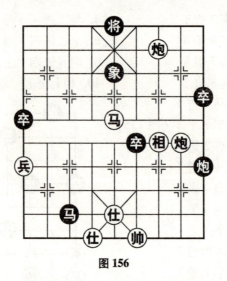

图 156

第79局　洪智胜许银川

1. 兵七进一　炮2平3
2. 炮二平五　象3进5
3. 马八进九　车9进1
4. 马二进三　车9平4
5. 车九平八　车4进3
6. 炮五进四　士4进5
7. 炮五平一　马2进4
8. 相三进五　车4平9
9. 炮一平二　马8进7
10. 仕四进五　车9平8
11. 炮二平一　炮8平9
12. 炮一退二　卒3进1
13. 兵七进一　车8平3
14. 车一平四　卒7进1
15. 炮八平六　卒1进1
16. 兵五进一　车1进3（图157）
17. 车四进三　炮3退2!
18. 车八进三　炮3平4?
19. 炮六进七　士5退4
20. 炮一进一!　车3退1
21. 车八进五　车3平4
22. 马九进七　士6进5
23. 马七进六　卒7进1

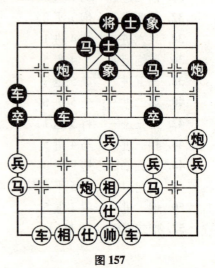

图 157

24. 马六退八 车1平2　　25. 车八退二 车4平2
26. 马八进六 卒7进1　　27. 车四平三 车2平4
28. 车三进四 车4进1　　29. 炮一平五! 将5平6
30. 马三进四 炮9退2　　31. 车三退一 士5进6
32. 车三进二 马4进3　　33. 马四进三 马3进5
34. 兵五进一 车4进2　　35. 车三平四 将6平5
36. 马三进五 士4进5　　37. 马五进七 将5平4
38. 车四平三! 象7进9　　39. 车三平一 炮9平5
40. 车一进一 车4退5　　41. 马七退八 车4进2
42. 马八进七 车4退2
43. 马七退八 车4进5
44. 马八退六! 炮5平6
45. 车一退二 车4平8
46. 兵五进一 车8进3
47. 仕五退四 车8平6
48. 帅五进一 车6退1
49. 帅五退一 车6进1
50. 帅五进一 车6平4
51. 车一退二 将4进1
52. 马六退八 将4退1
53. 车一平六 车4退5
54. 马八进六 将4进1
55. 马六进八（图158）

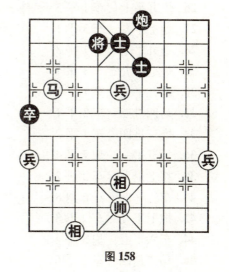

图 158

第 80 局　汪洋胜张强

1. 兵七进一 炮2平3　　2. 炮二平五 象3进5
3. 马八进九 卒7进1　　4. 马二进三 马8进7
5. 车一平二 车9平8　　6. 车二进四 炮8平9
7. 车二进五 马7退8　　8. 炮五进四 士4进5
9. 车九平八 马8进7　　10. 炮五退一 马2进1
11. 炮八进六 马7进6　　12. 相七进五 车1平4
13. 炮八平九! 炮9平7（图159）　　14. 兵九进一 炮3平4
15. 仕四进五 炮4进1　　16. 车八进五 炮4平5

17. 炮五平三! 卒3进1
18. 炮三退一 马6进4
19. 兵五进一 卒3进1
20. 相五进七 马1进3
21. 马九进七 炮7进4
22. 相三进五 炮5平7
23. 兵一进一 后炮退1
24. 马三退二 车4平1
25. 马二进四 前炮平8
26. 炮九平七 车1平3
27. 炮七平九 车3平1
28. 炮九平七 车1平3
29. 炮七平九 车3平1
30. 炮九平七 车1平3

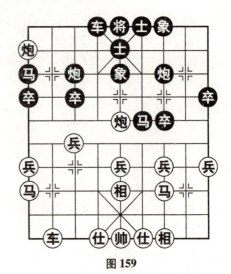

图 159

32. 马四进二 车3平1
34. 炮三进四 车1平2
36. 兵五进一 炮7平4
38. 相七退九! 车2进2
40. 车二平四 马6退8
42. 炮七平九 车2退3
44. 车六平五 炮5平4
46. 马二退四 车2平6
47. 车五平八 将5平4
48. 车八平六 车6进5
49. 车六退一 车6退2
50. 马七进八 马1退3
51. 兵六平五 士5进4
52. 马八退六 车6退1
53. 车六平八! 马3进1
54. 炮五平七 士4退5
55. 炮七平六 士5进4
56. 马六进七 将4平5
57. 车八进六 将5进1
58. 车八退一 (图160)

31. 炮七平九 炮7平9
33. 炮九平七 车1进1
35. 车八平二 炮8平7
37. 兵五平六 车2进3
39. 车二退一 马4退6
41. 炮三退五 马3退1
43. 车四平六 炮4平5
45. 炮三平五 炮9平8

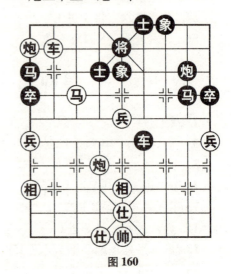

图 160

第81局 赵鑫鑫胜汪洋

1. 兵七进一 炮2平3 2. 炮二平五 象3进5
3. 马八进九 车9进1 4. 马二进三 车9平4
5. 车一平二 士4进5 6. 车二进五 马8进9
7. 车九平八 卒9进1 8. 车二平八 马2进1
9. 仕六进五 炮3进3! 10. 炮五进四 车4进2
11. 炮五退二 炮3退1 12. 炮八平六 马9进8
13. 兵三进一 车4进3
14. 兵九进一 马8进7（图161）
15. 后车进三 车4平2
16. 车八退二 车1平4
17. 相七进五 炮8进4!
18. 炮六进一! 马7进5
19. 相三进五 车4进6
20. 车八平六 炮8平4
21. 马九进八 炮4退3
22. 马三进四 炮3平2
23. 马四进三 卒3进1
24. 马八退七 炮4进3
25. 马七进六 炮2进1

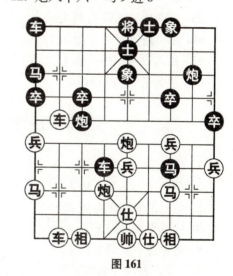

图161

26. 炮五平八 卒3进1 27. 炮八退一! 卒3平4
28. 马三退一 马1退3 29. 兵一进一 马3进2
30. 炮八进二 炮4平2 31. 马一进三 马2进4
32. 马三退五 炮2退1 33. 兵一进一 卒4平3
34. 相五进七 马4进5 35. 兵三进一 象5进7
36. 炮八平三 马5退6 37. 仕五进六 士5进6
38. 炮三退四 炮2退3 39. 兵一平二 炮2平1
40. 兵二平三 马6进7 41. 兵三进一 炮1进3
42. 兵三平四 马7进9 43. 炮三平五 士6进5
44. 马五进七 士5进4 45. 马七进五 士6退5
46. 马五进三 将5平4 47. 炮五进四 士5进6
48. 炮五平六 士4退5 49. 兵四平五 马9进7

50. 帅五平六　将4进1
51. 马三退二　马7退6
52. 兵五平六　士5进4
53. 马二进四　象7进5
54. 仕六退五　炮1平2
55. 炮六退四!　炮2退1
56. 兵六进一　将4平5
57. 炮六进二　象5退3
58. 炮六平五　将5平6
59. 马四进二　马6退8
60. 炮五进二　炮2退1
61. 兵六进一!　卒1进1
62. 炮五平七（图162）

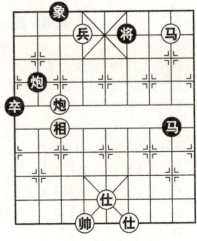

图162

第82局　庄玉庭胜孙勇征

1. 兵三进一　炮8平7
2. 炮八平五　象7进5
3. 马二进一　车1进1
4. 车一平二　车1平6
5. 马八进七　车6进3
6. 仕四进五　士6进5
7. 炮二平四　马8进9
8. 车九平八　卒9进1
9. 兵七进一　马2进1
10. 炮五进四　卒1进1
11. 车八进六　炮2平3
12. 相七进五　车6平5
13. 炮五平六　车5平4
14. 炮六平五　车9平6（图163）
15. 车二进三!　车6进3
16. 炮五退二　马9进8
17. 马一退三!　炮7平8
18. 车二平四　车6进3
19. 马三进四　炮3平4
20. 兵七进一　车4平3
21. 马七进八　马8进7
22. 马八退六!　炮4进3!
23. 车八退二　车3平4

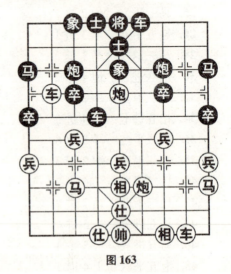

图163

24. 马四进五	车4平5	25. 车八平六	炮8进7
26. 炮四退二	炮8平6	27. 仕五退四	马7退5
28. 兵五进一	车5平6	29. 车六进二	卒3进1
30. 兵五进一	车6进2	31. 兵五进一	马1进2
32. 兵五进一	卒3进1?	33. 车六退一	马2进4
34. 马六退八	车6平2	35. 兵五进一	士4进5
36. 马八退六	马4进6	37. 马六进四	卒3平4
38. 仕四进五	车2平1	39. 车六平一	象3进5
40. 兵一进一	卒1进1	41. 车一平九	卒7进1
42. 兵三进一	马6退7	43. 马四进三	马7进9
44. 马三进四!	士5进6	45. 马四进六	将5平4
46. 马六退五	车1平3	47. 马五进四	车3退5
48. 车九进四	象5退3	49. 车九退五	车3平6

50. 车九平六　将4平5
51. 车六平五　将5平6
52. 马四退五　马9退8
53. 车五平七　象3进5
54. 马五进七　象5进7
55. 车七平五　马8进6
56. 车五平一　车6进2
57. 车一进五　将6进1
58. 车一退一　将6退1
59. 马七进五!　将6平5
60. 马五进三　车6退2
61. 车一进一　将5进1
62. 车一平九!（图164）

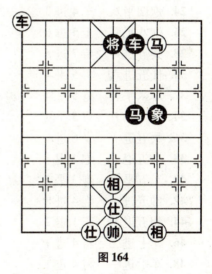

图164

第83局　吕钦胜洪智

1. 兵七进一	炮2平3	2. 炮二平五	象3进5
3. 马八进九	车9进1	4. 马二进三	车9平4
5. 车一平二	士4进5	6. 车九平八	车4进3
7. 兵三进一	马2进4	8. 马三进四	车4平6
9. 炮八进二	炮3平2!	10. 车八平九	马8进9

11. 炮五平四　车6平5

12. 兵五进一　车5平4

13. 马四进三　炮8平7

14. 马三进一　象7进9（图165）

15. 相七进五　车1平3

16. 车九平七　炮2平3

17. 车二进三!　卒3进1

18. 炮八退一　马4进2

19. 炮八进三　车3平4

20. 仕四进五　前车进1

21. 车二平五　卒3进1

22. 车七进四　前车平3

23. 相五进七　炮7进7

24. 炮四平八　车4进3?

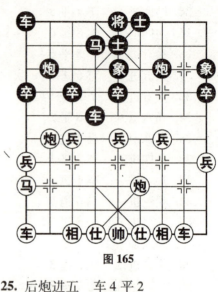

图165

25. 后炮进五　车4平2

26. 炮八平五　士5进6

27. 兵五进一　象9退7

28. 兵五进一!　象7进5

29. 兵五进一　士6退5

30. 仕五进六　将5平4

31. 车五平六　将4平5

32. 车六平五　将5平4

33. 车五平六　将4平5

34. 车六平五　将5平4

35. 兵三进一　炮7退1

36. 兵五进一　士6进5

37. 车五进五　炮7平1

38. 车五退一　炮3退1

39. 马九进七　车2进3

40. 车五平六　炮3平4

41. 车六平七　炮1进1

42. 帅五进一　炮4进8

43. 相七退五!　车2平1

44. 相五退七　车1退2

45. 马七进五　车1平5

46. 车七进二　将4进1

47. 车七退一　将4退1

48. 车七进一　将4进1

49. 车七退五　卒1进1

50. 相七进五　将4退1

51. 兵三进一　炮4平2

52. 马五进七　车5退2

53. 车七平八　炮2平9

54. 车八平六　将4平5

55. 马七进六　将5进1

56. 马六进七　将5退1

57. 车六平二　将5平4

58. 车二进五　车5退2

59. 车二退四　车5进2

60. 车二平九　炮1平6

61. 车九平四　车5平3

62. 车四平六　将4平5

63. 马七退六　将5进1

64. 车六平五　将5平4

65. 马六退七　炮6平4

66. 相五退七（图166）

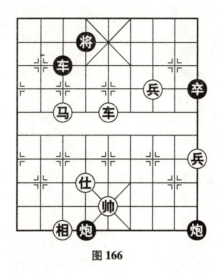

图 166

第84局 赵鑫鑫和孙勇征

1. 兵七进一 炮2平3		**2.** 炮二平五 象3进5
3. 马八进九 车9进1		**4.** 马二进三 车9平4
5. 车九平八 车4进3		**6.** 车一平二 马2进4
7. 仕六进五 马8进9		**8.** 炮八平六 卒9进1

9. 车二进六 士4进5

10. 兵五进一 车1平2！（图167）

11. 车八进九 马4退2

12. 炮五进四 卒3进1！

13. 兵七进一 车4平3

14. 相三进五 马2进4

15. 炮五退一 炮8平6

16. 兵三进一 炮6进1

17. 车二退三 炮6平5

18. 炮五进二 ！象7进5

19. 车二平六 炮3进7！

20. 相五退七 车3进5

21. 炮六退二 马4进3

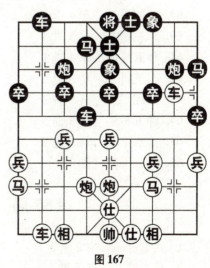

图 167

22. 车六进三　马3进2　　　23. 车六平五　马2进1

24. 马三进五　马9进8　　　25. 车五进一　马8进7

26. 车五平八　马1进3　　　27. 马五退六　马3退4

28. 车八进二　士5退4　　　29. 车八退三　马7进5

30. 车八平五！士4进5　　　31. 车五平四　马4退6

32. 马六进五　马5进7　　　33. 马五退四　马6进5

34. 车四平六　马7退6　　　35. 车六退三　马5进3

36. 车六退二　马3退2　　　37. 仕五进四！车3退4

38. 仕四进五　车3平5　　　39. 帅五平四　马6退8

40. 车六进二　马2进3　　　41. 车六平二　车5平7

42. 马四进二　车7平4　　　43. 车二平三　车4进1

44. 车三进一　马3退5　　　45. 帅四平五　马5进3

46. 帅五平四　马3退5　　　47. 帅四平五　马5进3

48. 帅五平四　马3退5　　　49. 帅四平五　车4退1

50. 车三退一　马5进3　　　51. 帅五平四　车4进1

52. 车三进一　马3退5　　　53. 帅四平五　马5进3

54. 帅五平四　马3退5

55. 帅四平五　车4退1

56. 车三退一　马5进3

57. 帅五平四　车4进1

58. 车三进一　马3退5

59. 帅四平五　车4退1

60. 车三退一　马5进3

61. 帅五平四　车4进1

62. 车三进一　马3退5

63. 帅四平五　马5进3

64. 帅五平四　马3退5

65. 帅四平五　马5进3

66. 帅五平四（图168）

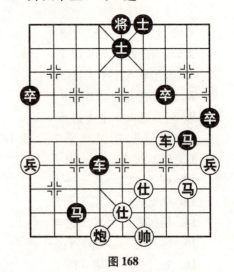

图 168

第85局　王天一胜申鹏

1. 兵七进一　炮2平3　　　2. 炮二平五　象3进5

3. 马八进九　卒7进1　　　4. 马二进三　马8进7

5. 车九平八　车9平8　　　6. 炮八平六　士4进5

7. 车一平二　炮8进4　　　8. 车八进八　炮3进3

9. 兵五进一　卒3进1　　　10. 炮五退一！炮8退5

11. 车八退六　炮8平9　　　12. 车二进九　马7退8

13. 炮五进五　马2进3

14. 炮五平六　卒1进1（图169）

15. 相三进五　车1进3

16. 前炮退三　炮3进1

17. 前炮平五　炮3平7

18. 兵五进一　马8进7

19. 车八进五　马3退4

20. 兵五平六　车1平5

21. 炮五进二　炮9平8！

22. 马九退七　炮8进3

23. 马七进六！卒3进1

24. 炮五平二　炮7平5

25. 马三进五　车5进3

26. 马六退八！马7进8

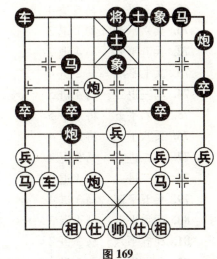

图 169

27. 马八进七　车5平4

28. 兵六平五　马8进7　　　29. 仕六进五　马7退5

30. 炮六平九　马5退3　　　31. 车八进二　车4退4

32. 炮九进三　车4平2　　　33. 车八退二　马3退2

34. 炮九进一　象5进3　　　35. 炮九平二　马4进5

36. 兵五进一　马5退7　　　37. 炮二退五　马7进8

38. 马七退五！卒9进1　　　39. 炮二平一　卒9进1

40. 炮一进三　马8进9　　　41. 兵一进一　象3退5

42. 兵一进一　马2进3　　　43. 马五进六　马3进4

44. 兵九进一　马4退5　　　45. 兵一平二　将5平4

46. 马六进七　将4平5　　　47. 兵九进一　马5进6

48. 兵九平八　卒7进1　　　49. 兵八进一　卒7进1

50. 兵二进一　马6退4　　　51. 兵二平三　卒7平6

52. 马七退六　将5平4　　　53. 兵三进一　象5进3

54. 兵三进一　象7进5　　　55. 兵三平四　马4退6

56. 兵八平七　象5退3　　　57. 兵七进一　马6退7

58. 马六退四　马7进6　　　59. 兵七进一　象3进5

60. 马四退六	卒 6 平 5	**61.** 马六进五	马 6 退 7
62. 兵五平四	马 7 退 8	**63.** 前兵平三	马 8 进 9
64. 兵三平四	马 9 退 8	**65.** 前兵平三	马 8 进 9
66. 兵三平四	马 9 进 8	**67.** 后兵平五	马 8 进 6
68. 兵五平六	马 6 退 4	**69.** 帅五平六	象 3 退 1
70. 兵六平五	象 1 退 3	**71.** 马五进三	卒 5 平 4
72. 兵五平六	马 4 退 2		
73. 兵七平八	马 2 进 4		
74. 马三退二	马 4 进 5		
75. 兵六平五	将 4 平 5		
76. 兵八平七	将 5 平 4		
77. 马二进三	马 5 退 4		
78. 马三进二	马 4 退 3		
79. 兵五平四	马 3 进 4		
80. 后兵平五	马 4 退 3		
81. 兵五平六	马 3 进 2		
82. 兵六进一!	士 5 进 4		
83. 马二进四	马 2 退 4		
84. 兵七平六	将 4 平 5		
85. 马四退二	（图 170）		

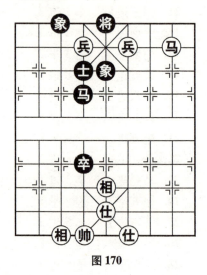

图 170

第 86 局　卜凤波胜赵鑫鑫

1. 兵七进一	炮 2 平 3	**2.** 炮二平五	象 3 进 5
3. 马八进九	车 9 进 1	**4.** 车九平八	车 9 平 4
5. 马二进三	士 4 进 5	**6.** 车一平二	车 4 进 3
7. 仕六进五	马 2 进 4	**8.** 炮八平六	车 1 平 2
9. 车八进九	马 4 退 2	**10.** 炮五进四	卒 9 进 1
11. 炮五平九	马 8 进 9	**12.** 车二进六	炮 8 平 7（图 171）
13. 相三进五	炮 7 进 4	**14.** 兵九进一	炮 3 平 1!
15. 炮九平三	车 4 退 1	**16.** 炮三平五	马 2 进 3
17. 车二退三!	炮 7 退 4	**18.** 炮五退二	炮 1 进 5
19. 相七进九	马 9 进 7	**20.** 相九退七	车 4 进 3
21. 兵九进一	炮 7 进 5	**22.** 炮六平三	马 7 进 5

23. 车二平三 将5平4

24. 相七进九 车4退2

25. 炮五平四 马5退6

26. 车三进三! 车4平7

27. 车三平六 将4平5

28. 炮三平四 车7平1

29. 车六平七 马3退4

30. 车七平四 车1进2

31. 前炮进三 士5进6

32. 车四平五 车1退2

33. 相五退七 士6退5

34. 炮四进六 车1平6

35. 炮四平一 车6退3

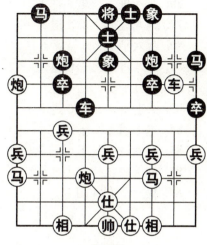

图 171

36. 炮一退二 车6进4

37. 兵五进一 卒9进1

38. 兵一进一 车6平9

39. 兵五进一 车9平5

40. 炮一退四 车5进1

41. 炮一平八 车5平2

42. 炮八平六 车2平5

43. 炮六进六 车5平4

44. 炮六平七 车4平5

45. 炮七平六 车5平4

46. 炮六退三 车4平5

47. 炮六退三 象7进9

48. 炮六平八 象9退7

49. 炮八平六 车5退1

50. 炮六平八 车5进1

51. 炮八进二 车5平2

52. 炮八平九 车2平1

53. 车五平九 马4进3

54. 车九进三 马3退4

55. 兵五进一 车1平5

56. 兵五平六 车5平4

57. 兵六平七 车4退4

58. 炮九退一 车4进4

59. 炮九进一 车4平1

60. 炮九进一 车1退1

61. 前兵平六 车1进1

62. 兵七进一 车1平3

63. 兵七进一 车3退2

64. 炮九退一 车3平4

65. 车九平八 车4平1

66. 炮九平五 车1平5

67. 炮五退二 车5平4

68. 车八退三 车4进2

69. 兵六平五 车4平5

70. 兵七平六 车5退2

71. 相九进七 车5进2

72. 炮五平九 车5平1

73. 兵五平四 车1退2

74. 兵四平三 车1进2

75. 兵三进一 车1退2

76. 兵三进一 车1进2

77. 兵三平四 车1退2

78. 车八进一　车1平4

79. 炮九进七　象5退3

80. 兵六平七　车4平6

81. 车八进二！车6退3

82. 炮九平七　马4进5

83. 兵七平六　车6进3

84. 炮七退二　士5退4

85. 兵六进一　车6平3

86. 炮七进二　士4进5

87. 兵六平五（图172）

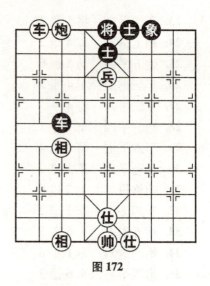

图 172

第87局　吕钦负蒋川

1. 兵七进一　炮2平3　　　2. 炮二平五　象3进5

3. 马八进九　车9进1　　　4. 马二进三　车9平4

5. 车一平二　士4进5　　　6. 车九平八　车4进3

7. 兵三进一　马2进4　　　8. 马三进四　车4平6

9. 炮八进二　炮3平2！　　10. 车八平九　马8进9

11. 炮五平四　车6平5

12. 兵五进一　车5平4

13. 马四进三　车1平3（图173）

14. 相七进五　卒3进1

15. 兵七进一　车3进4

16. 车二进三！炮8平7

17. 马三进一　象7进9

18. 炮八退三　车4进1

19. 车二平五　炮2进3！

20. 仕四进五　炮2平5

21. 马九进七　炮5平6

22. 炮八平七　车3平5

23. 车五平二　车4平2

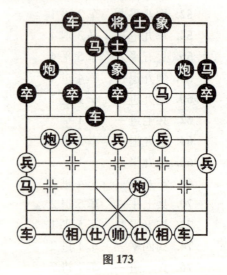

图 173

24. 车九进二　象9退7　25. 车九平八　车2进2
26. 炮四平八　马4进2　27. 炮八进四　卒9进1
28. 仕五进四　炮6平2　29. 仕六进五　炮7平9
30. 车二平六　炮2进1！　31. 马七进六　炮2平9
32. 仕五退四　前炮进3　33. 帅五进一　车5平6
34. 炮七平八　车6进3　35. 马六进四　车6进2
36. 相三进一　后炮平6　37. 兵三进一　车6退4
38. 后炮进六　炮6平2　39. 兵三进一　士5进6
40. 车六进三　士6进5　41. 炮八平五　车6平2
42. 兵三进一　炮9平1　43. 兵三平四　车2进3
44. 帅五退一　车2进1　45. 帅五进一　车2退1
46. 帅五退一　车2进1　47. 帅五进一　炮1退1
48. 相五退七　车2退1　49. 帅五退一　车2平6！
50. 车六平八　车6退5　51. 兵四进一　车6退2
52. 车八进一　将5平4　53. 车八进二　将4进1
54. 车八退三　车6进5　55. 车八平六　士5进4
56. 帅五平六　象5进7　57. 车六进一　将4平5
58. 兵九进一　车6平3　59. 车六退二　车3进3
60. 帅六进一　车3退1　61. 帅六退一　车3进3
62. 帅六进一　车3退1　63. 帅六退一　车3进1
64. 帅六进一　车3平5　65. 炮五退一　卒9进1
66. 兵九进一　卒1进1　67. 车六平九　车5退3
68. 相一退三　炮1平2　69. 车九平八　炮2平1
70. 车八平六　卒9平8　71. 炮五平四　车5进2
72. 帅六退一　车5进1　73. 帅六进一　炮1进1！
74. 炮四退三　炮1平7　75. 车六平三　车5退1
76. 帅六退一　车5退1　77. 炮四退一　车5进2
78. 帅六进一　车5退1　79. 帅六退一　车5平6
80. 车三进三　将5退1　81. 车三进一　将5进1
82. 车三退九　车6平5　83. 车三进八　将5退1
84. 车三进一　将5进1　85. 车三退六　车5退3
86. 车三平六　卒8平7　87. 车六进六　卒7进1（图174）

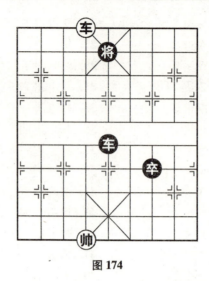

图 174

第88局 卜凤波胜张强

1. 兵七进一　炮 2 平 3
2. 炮二平五　象 3 进 5
3. 马八进九　卒 7 进 1
4. 马二进三　马 8 进 7
5. 车九平八　车 9 平 8
6. 炮八平六　马 2 进 4
7. 车一平二　炮 8 进 4
8. 车八进八　马 4 进 6
9. 车八平七　炮 3 平 4
10. 兵五进一　士 6 进 5（图 175）
11. 炮五进四　车 8 进 3
12. 车七退二　马 7 进 6
13. 兵七进一　前马进 7
14. 炮五平一！马 7 退 5
15. 马三进五　车 8 退 3！
16. 炮六平五　马 5 进 7
17. 仕四进五　车 1 平 3
18. 炮一平九　炮 4 平 3？
19. 马五进六　炮 3 退 1
20. 马六进四　马 7 进 5
21. 相三进五　炮 3 进 3
22. 车七进三　象 5 退 3
23. 兵九进一　车 8 进 5

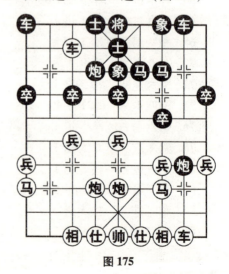

图 175

24. 兵九进一　炮3退1　　　25. 马九进八！炮3平5
26. 马八退六　卒7进1　　　27. 马六进五　卒7平6
28. 兵九平八　象7进5　　　29. 车二进二　车8退2
30. 帅五平四　将5平6　　　31. 兵一进一　炮8平2
32. 车二进四　马6进8　　　33. 兵一进一　马8进9
34. 马四退二　马9退7　　　35. 马二进三　将6平5
36. 马三退五　马7退5　　　37. 兵一平二　炮2平9
38. 帅四平五　炮9退5　　　39. 炮九退二　马5退7
40. 马五进三　卒6平5　　　41. 炮九进五　象5退7
42. 兵二进一　炮9平7　　　43. 马三退二　马7进5
44. 马二进四　马5进7　　　45. 兵二平三　马7进8
46. 炮九退八　士5进4　　　47. 马四进二　炮7平1
48. 兵三平四　士4进5　　　49. 仕五进六　马8进6
50. 帅五平四　炮1进5　　　51. 马二进三　将5平4
52. 帅四进一　马6退8　　　53. 兵八平七　马8退7
54. 仕六退五　炮1退5　　　55. 马三退二　炮1进2
56. 炮九平六　卒5平4　　　57. 马二退四　马7进6
58. 兵四平五　炮1进1　　　59. 马四进二　炮1退1
60. 马二进三　炮1退2　　　61. 马三退四　将4平5
62. 兵五平六　象3进5　　　63. 帅四退一　马6退7
64. 兵七进一　马7进5　　　65. 马四退三　卒4进1
66. 炮六平八　炮1进3　　　67. 炮八进四　马5退3
68. 马三进二　炮1退3　　　69. 兵七进一　卒4平5
70. 相五进七　卒5平6　　　71. 相七进九　炮1平4
72. 马二退四　炮4平2　　　73. 炮八退三　炮2进3
74. 马四进二　炮2退1　　　75. 马二进三　将5平6
76. 炮八平一　马3进5　　　77. 炮一进七　象7进9
78. 兵六进一　炮2平6　　　79. 帅四平五　炮6平5
80. 马三退一！马5退7　　　81. 仕五进六　马7退8
82. 兵六平五！卒6平5　　　83. 仕六进五　卒5平4
84. 帅五平六　马8退9　　　85. 兵五进一　炮5平8
86. 马一退三　马9进8　　　87. 兵七平六　马8进6
88. 兵六平五　马6退7　　　89. 后兵平四（图176）

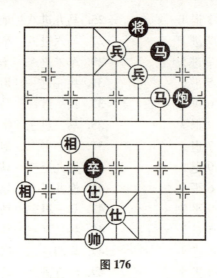

图 176

第 89 局　金松胜蒋川

1. 兵七进一　炮 2 平 3	2. 炮二平五　象 3 进 5
3. 马八进九　车 9 进 1	4. 车九平八　车 9 平 4
5. 马二进三　士 4 进 5	6. 仕六进五　车 4 进 3
7. 炮八平六　马 2 进 4	8. 车一平二　车 1 平 2
9. 车八进九　马 4 退 2	10. 炮五进四　卒 9 进 1

11. 炮五平九　马 8 进 9

12. 车二进六　炮 8 平 7

13. 相三进五　卒 3 进 1

14. 车二退二　炮 3 退 2!（图 177）

15. 马九进七　车 4 退 1

16. 炮九退一　车 4 平 1

17. 炮六平九　卒 3 进 1

18. 车二平七　马 2 进 3

19. 前炮平七!　车 1 平 3

20. 炮七进二　车 3 进 2

21. 相五进七　炮 7 平 3

22. 马七进五　后炮进 5

23. 马五进六　前炮进 2

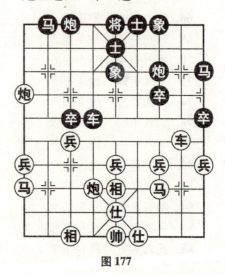

图 177

24. 相七进五　卒 7 进 1　　25. 兵三进一！前炮平 7

26. 炮九平三　卒 7 进 1　　27. 相五进三　马 9 进 8

28. 马六进七　将 5 平 4　　29. 炮三平六　马 8 进 9

30. 相三退一　炮 3 进 5！　31. 马七退八　将 4 平 5

32. 炮六进四　马 9 进 7　　33. 帅五平六！士 5 进 6

34. 仕五进四　马 7 退 6　　35. 兵五进一　炮 3 平 9

36. 仕四进五　炮 9 平 8　　37. 炮六平二　马 6 退 7

38. 马八进七　将 5 进 1　　39. 炮二退三　将 5 平 6

40. 兵九进一　卒 9 进 1　　41. 兵九进一　卒 9 进 1

42. 炮二平八　炮 8 退 6　　43. 马七退六　士 6 退 5

44. 兵五进一　士 5 进 4　　45. 兵五平四　炮 8 进 2

46. 马六退五　马 7 进 8　　47. 兵四进一　士 6 进 5

48. 马五退七　卒 9 平 8　　49. 马七进六　将 6 退 1

50. 马六退五　炮 8 进 1　　51. 兵九平八　炮 8 退 3

52. 兵八进一　象 5 进 3　　53. 马五进三　卒 8 平 7

54. 兵八平七　象 7 进 5　　55. 兵七平六　象 3 退 1

56. 炮八进一　马 8 退 9　　57. 炮八平四　将 6 平 5

58. 马三进二　炮 8 进 1　　59. 兵四平三　炮 8 平 6

60. 炮四平五　将 5 平 4　　61. 兵六平五　象 1 退 3

62. 兵五平四　炮 6 退 1　　63. 兵三进一　象 5 进 3

64. 兵三进一　炮 6 退 1　　65. 兵四平五　炮 6 进 6

66. 兵三平四　炮 6 平 4　　67. 炮五平六　将 4 平 5

68. 兵五平四　象 3 进 5　　69. 马二进三　马 9 进 8

70. 炮六平三！炮 4 退 2　　71. 马三退二　卒 7 平 6

72. 马二退四　马 8 进 9　　73. 后兵平五　象 5 进 7

74. 兵五平六　将 5 平 4　　75. 炮三平一　马 9 退 7

76. 炮一平三　马 7 进 9　　77. 马四进三　将 4 进 1

78. 炮三平一　马 9 进 7　　79. 马三退五　象 7 退 5

80. 马五退四　炮 4 平 6　　81. 马四退六　马 7 退 5

82. 马六进七　炮 6 平 4　　83. 炮一进五！马 5 退 4

84. 帅六平五　炮 4 平 5　　85. 帅五平四　马 4 退 3

86. 炮一平五！马 3 进 1　　87. 炮五退二　炮 5 平 6

88. 帅四平五　炮 6 平 5　　89. 帅五平四　炮 5 平 6

90. 炮五平一　卒 6 进 1　　91. 帅四平五　卒 6 进 1

92. 马七进五　将4退1　　　　　**93.** 炮一进二（图178）

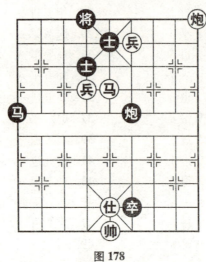

图 178

第 90 局　　吕钦胜张强

1. 兵七进一　炮2平3　　　　**2.** 炮二平五　象3进5

3. 马八进九　卒7进1　　　　**4.** 马二进三　马8进7

5. 车一平二　车9平8　　　　**6.** 车二进四　炮8平9

7. 车二进五　马7退8　　　　**8.** 炮五进四　士4进5

9. 兵五进一　炮3进3

10. 相七进五　马2进3？（图179）

11. 相五进七　马3进5

12. 兵五进一　马5退3

13. 车九平八　车1平2

14. 炮八进五　卒3进1

15. 相七退五　马3进2！

16. 炮八平一　马8进9

17. 马九进七　马2退3

18. 车八进九　马3退2

19. 马七进五　马2进3

20. 兵五平四　马3进4

21. 兵四平三　象5进7

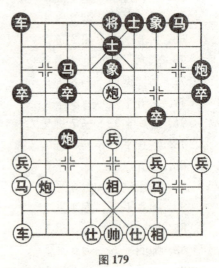

图 179

22. 马五进三　马9进7　　23. 兵三进一　卒9进1
24. 前马退五　象7进5　　25. 仕四进五　士5进4
26. 仕五进六　士6进5　　27. 仕六进五　将5平6
28. 马五进六　将6平5　　29. 马六退四　将5平4
30. 马三退一　马7退9　　31. 马四进三　马9进7
32. 马一进二　马4进6　　33. 兵九进一　士5进6
34. 马三进一　马6进7　　35. 马一退二　前马退9
36. 后马进一　马9退8　　37. 马一退二　马8进7?
38. 后马进一　后马进5　　39. 马二退四　马7退5
40. 马一进三　后马退3　　41. 马四退六!　马3退2
42. 马三进五　将4平5　　43. 帅五平四　将5进1
44. 马五退四　将5退1　　45. 马六退八　士4退5
46. 马四退六　马2进4　　47. 马六进五　将5平6
48. 兵三进一　将6平5　　49. 相三进一　将5平6
50. 相一进三　将6平5　　51. 兵三平四　将5平6
52. 马五进七　卒3进1　　53. 相五进七　马5退3
54. 马七退八　马3退2　　55. 仕五退六　将6平5
56. 帅四平五　将5平6　　57. 相三退五　将6平5
58. 相五退七　将5平6　　59. 帅五进一　将6平5
60. 后马进六　卒1进1　　61. 兵九进一　马2进1
62. 马八进六　将5平4　　63. 相七退九　马4退3
64. 前马退八　马3进4　　65. 马八进七　将4平5
66. 马六退四　马1退3　　67. 帅五退一　将5平6
68. 相九进七　马4进3　　69. 兵四平五　前马进5
70. 仕六进五　士5进4　　71. 兵五平六　士6退5
72. 马四进二　马3退5　　73. 兵六平五　后马退7
74. 马七进九　马5退7　　75. 马九退八　后马退8
76. 马二进三　马8退7　　77. 马八进七　前马进8
78. 马三进二!　马8退7　　79. 相七退五　士5进6
80. 帅五平四　士4退5　　81. 相五进三　前马退8
82. 兵五进一　将6进1　　83. 马七退六　马8进7
84. 兵五进一　后马进6　　85. 相七进五　马7退8
86. 仕五退六　马8进7　　87. 马六退四　马7退8
88. 相五退三　马8进7　　89. 相三进一　马7退8

90. 帅四进一　马8进7　　　　**91.** 马四退六　马6退8

92. 马六退四　马7退9　　　　**93.** 马四进五　马9进8

94. 帅四退一　前马进7　　　　**95.** 帅四平五　马7退6

96. 兵五平四！（图180）

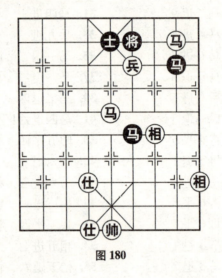

图 180

第91局　王天一胜陆伟韬

1. 兵七进一　炮2平3　　　　**2.** 炮二平五　象3进5

3. 马八进九　卒7进1

4. 马二进三　马8进7

5. 车九平八　车9平8

6. 炮八平六　士4进5

7. 车一平二　马2进1

8. 车二进四　炮8平9

9. 车二进五　马7退8

10. 炮五进四　车1平4

11. 仕六进五　卒1进1

12. 炮五退二　车4进4（图181）

13. 兵九进一　卒1进1

14. 炮五平九　炮3退2

15. 兵三进一　炮9平7

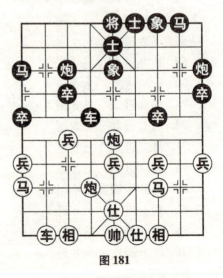

图 181

16. 相三进五　卒 7 进 1　　17. 炮九平三　炮 3 平 4
18. 炮六平七　马 1 进 2　　19. 车八进三　炮 4 平 2
20. 马九进八　车 4 平 7　　21. 炮三进三　马 8 进 7
22. 马三进四　卒 3 进 1　　23. 兵七进一　车 7 平 3
24. 炮七平九　马 7 进 6　　25. 炮九进七　炮 2 进 1
26. 炮九平八！马 6 进 4　　27. 车八平六　车 3 进 1
28. 马四进六！炮 2 平 4　　29. 炮八退五　马 4 进 6
30. 炮八退一　车 3 退 2　　31. 仕五进四　马 6 退 7
32. 仕四进五　士 5 进 4　　33. 炮八退二　车 3 平 4
34. 车六退一　士 6 进 5　　35. 马六进八　车 4 平 3？
36. 炮八进三　马 2 进 4　　37. 马八退七　马 4 进 6
38. 车六平九　车 3 进 1　　39. 车九进七　士 5 退 4
40. 炮八进五　象 5 退 3　　41. 炮八退八　象 7 进 5
42. 车九退三　马 6 退 5　　43. 炮八平七　车 3 平 2
44. 马七进八　将 5 平 6　　45. 仕五进六　车 2 进 4
46. 炮七平五　士 4 进 5　　47. 马八进七　马 5 退 6
48. 车九平三　车 2 平 4　　49. 马七退八　马 6 进 5？
50. 车三平二　马 5 退 6　　51. 车二平三　将 6 平 5
52. 马八退七　车 4 平 3　　53. 帅五平六　车 3 平 2
54. 车三平四　卒 9 进 1　　55. 相五进三　车 2 平 3
56. 相七进五　卒 9 进 1　　57. 兵一进一　马 7 进 9
58. 兵五进一　马 9 进 8　　59. 相三退一　车 3 退 2
60. 炮五平九　象 3 进 1　　61. 仕六退五　马 8 退 6
62. 帅六平五　车 3 平 2　　63. 炮九平六　前马退 4
64. 相一进三　象 1 进 3　　65. 仕五退六　车 2 平 8
66. 仕四退五　车 8 进 3　　67. 仕五退四　车 8 退 3
68. 车四平八　马 6 进 7　　69. 兵五进一　车 8 平 3
70. 仕四进五　马 7 进 5　　71. 炮六平九　车 3 平 8
72. 相五退三　车 8 进 3　　73. 相三退一　马 4 进 5
74. 马七退五　前马进 3　　75. 马五退六　马 5 进 3
76. 车八进三　士 5 退 4　　77. 炮九进八　后马进 4
78. 车八退八　士 4 进 5　　79. 车八平七　马 4 退 5
80. 车七进二　马 5 进 6　　81. 车七平八　士 5 进 6
82. 车八平四　马 6 退 8　　83. 车四进四　马 8 进 9

84. 车四退六　马9退8

85. 车四进三　马8进9

86. 车四退三　马9退8

87. 车四进三　马8进9

88. 炮九退七　车8退5

89. 兵五进一　马9退7

90. 帅五平四　马7退8

91. 车四进五　将5进1

92. 车四退一　将5退1

93. 车四进一　将5进1

94. 炮九平五　将5平4

95. 兵五平六　车8平4

96. 车四退六　马8进7

97. 车四退二　马7退8

98. 兵六平七　车4进1

99. 帅四平五　车4平6

100. 车四平二　车6进1

101. 兵七进一（图182）

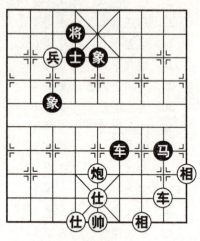

图182

第三章　红方先行补仕变例

第92局　许银川和王天一

1. 兵七进一　炮2平3　　　　2. 炮二平五　象3进5
3. 仕六进五　卒7进1　　　　4. 马二进三　马8进7
5. 车一平二　车9平8　　　　6. 车二进四　炮8平9
7. 车二进五　马7退8　　　　8. 炮五进四　士4进5
9. 兵五进一　马2进4　　　　10. 炮五平六　马4进2
11. 相七进五　炮3平4　　　　12. 炮六退一　马2进4
13. 兵五进一　马4退6（图183）　14. 兵五平四　车1平2
15. 炮八平九！车2进4　　　　16. 马三进五　炮9进4
17. 马八进七　炮9平5　　　　18. 马七进五　马8进7
19. 兵四进一　马7进6！　　　　20. 马五进四　车2平4
21. 兵四进一　车4平6　　　　22. 兵四平五　象7进5

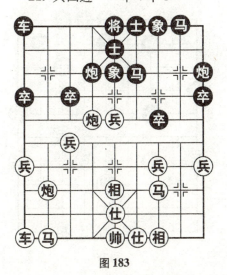

图183

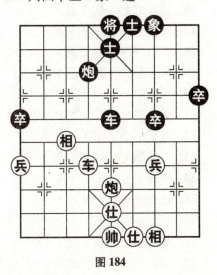

图184

23. 车九平八　卒 1 进 1 　　24. 车八进九　炮 4 退 2

25. 车八退六　卒 3 进 1 　　26. 车八平五　卒 3 进 1

27. 相五进七　象 5 退 7 　　28. 炮九平五　炮 4 进 2

29. 车五平六　车 6 平 5（图 184）

第 93 局　洪智负孙勇征

1. 兵七进一　炮 2 平 3 　　　　2. 炮二平五　象 3 进 5

3. 仕六进五　卒 7 进 1

4. 炮五进四　士 4 进 5

5. 车一进二　马 8 进 7

6. 炮五退一　车 9 平 8

7. 车一平六　马 7 进 6

8. 马二进一　卒 7 进 1!

9. 马八进七　马 6 进 5

10. 车六进一　马 5 进 6

11. 炮八退一　马 6 退 8

12. 相七进五　炮 8 平 7（图 185）

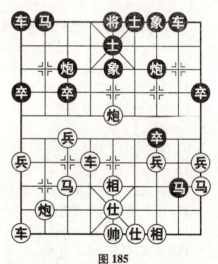

图 185

13. 马七进六　车 8 进 3

14. 炮八进五　卒 3 进 1!

15. 炮五退一!　车 8 进 1

16. 马六进七　炮 3 退 1!

17. 马七进八　车 8 平 5

18. 车六进三　马 2 进 4!

19. 炮五平三　炮 7 退 1

20. 兵三进一　卒 3 进 1

21. 车九平六　车 5 平 2

22. 前车平四　车 1 进 1

23. 马八退七　马 4 进 3

24. 车四平七　炮 7 平 8

25. 炮三进一?　卒 9 进 1

26. 车七平四　车 1 平 2

27. 炮八进一　卒 3 进 1

28. 车四平七　象 5 进 3

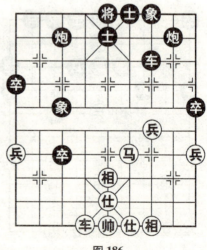

图 186

29. 车七进一　马8退6　　　30. 马一退三　后车进1！
31. 车七平八　车2退2　　　32. 马三进四　车2平7（图186）

第94局　许银川胜徐天红

1. 兵七进一　炮2平3　　　2. 炮二平五　象3进5
3. 仕六进五　卒7进1　　　4. 马二进三　马8进7
5. 车一平二　车9平8　　　6. 车二进四　炮8平9
7. 车二进五　马7退8
8. 炮五进四　士4进5
9. 兵五进一　马2进4

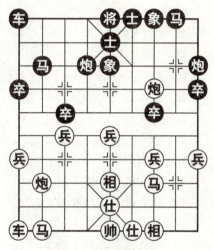

10. 炮五平六　马4进2
11. 相七进五　炮3平4
12. 炮六平三　卒3进1（图187）
13. 马八进七　卒3进1
14. 相五进七　马2进4？
15. 马七进五！马4进5
16. 炮八平五　马5进3
17. 车九平八　马3进5
18. 相七退五　车1平3
19. 车八进六！卒1进1
20. 马五进六　车3进4
21. 马六进四　炮9平6
22. 马三进五　马8进9
23. 炮三进一　炮4退2

图 187

24. 兵一进一　马9退7
25. 车八平六　炮4平1
26. 马五进七　马7进9
27. 炮三平二　炮1平3
28. 炮二退二！车3退2
29. 马七进八　马9退7
30. 马四退六　车3平2
31. 炮二退一！炮3平1
32. 车六平三　象5进3
33. 车三平七！（图188）

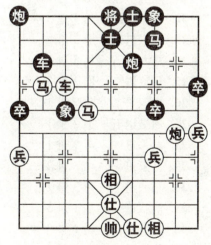

图 188

第95局　吕钦负赵国荣

1. 兵七进一　炮2平3
2. 炮二平五　象3进5
3. 仕六进五　士4进5
4. 马二进三　马8进9
5. 炮八平六　炮3进3
6. 马八进七？炮3进1
7. 兵三进一　马2进3

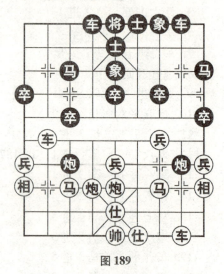

图189

8. 车九平八　车9平8
9. 车一平二　卒3进1
10. 相七进九？车1平4
11. 车八进四　炮8进4
12. 相三进一　卒9进1（图189）
13. 炮六退二　车8进4
14. 炮五平六　车4平2
15. 车八进五　马3退2
16. 前炮平五　马2进3
17. 兵五进一　炮8平4！
18. 仕五进六　马4进3
19. 马七退六　车8进5
20. 马三退二　马9进8
21. 炮五平三　马8进7
22. 马二进四　马7退5
23. 炮三进四　炮3平2
24. 马六进五　马5进3
25. 马五进三　炮2进3
26. 炮三平二　前马进3
27. 炮二退五　炮2平1
28. 兵一进一　卒9进1
29. 马三进一　马3进4
30. 马一进二　卒3进1
31. 炮二进一　马1进3
32. 帅五平六　马4进3
33. 仕六退五　卒3平4（图190）

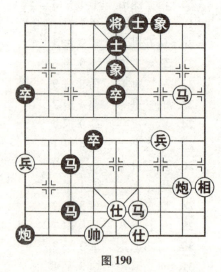

图190

第96局　吕钦负柳大华

1. 兵七进一	炮2平3	2. 炮二平五	象3进5
3. 仕六进五	卒7进1	4. 马二进三	马8进7
5. 车一平二	车9平8	6. 车二进六	炮8平9
7. 车二进三	马7退8	8. 炮五进四	士4进5

9. 兵五进一　马2进4

10. 炮五平六　马4进2

11. 相七进五　炮3平4

12. 炮六退一　马2进4　（图191）

13. 炮八平六　炮4进2

14. 炮六进四　车1平4

15. 炮六平九　马4平1！

16. 马八进九　车4平1

17. 炮九平一？马8进7

18. 炮一平二？车1平4

19. 兵九进一　炮1退3！

20. 兵五进一　炮9进2

21. 兵三进一　卒7进1

22. 相五进三　车4进3

23. 炮二退二　马7进8

24. 兵五进一　车4平5

25. 相三退五　炮9退3

26. 兵九进一　炮9平7

27. 兵九进一　车5平7

28. 马三进五　马8进6

29. 炮二平三？车7平5

30. 马五退七　马6进4！

31. 炮三退三　马4进6！

32. 炮三平四　车5进4

33. 兵九进一　马6退8　（图192）

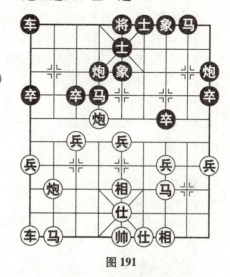

图191

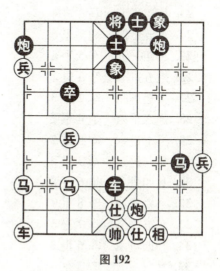

图192

127

第 97 局　洪智胜蒋川

1. 兵七进一　炮 2 平 3
2. 炮二平五　象 3 进 5
3. 仕六进五　卒 7 进 1
4. 炮五进四　士 4 进 5
5. 车一进二　马 8 进 7
6. 炮五退一　车 9 平 8
7. 车一平六　马 7 进 6
8. 马二进一　炮 8 平 7
9. 相七进五　卒 7 进 1
10. 炮八进三　马 6 进 5
11. 车六进一　马 5 进 7
12. 兵三进一　车 8 进 3（图 193）
13. 兵三进一　车 8 平 5
14. 兵三平四　马 7 退 8
15. 车六平五　马 2 进 1
16. 兵一进一！马 8 进 9
17. 相三进一　车 1 平 2
18. 炮八退二　炮 3 平 4
19. 马八进七　炮 7 进 5
20. 相五退三　炮 7 退 5
21. 车九平六　马 1 退 3
22. 车六平八　车 2 进 4
23. 相三进五　马 3 进 4
24. 车五平四　炮 7 平 6
25. 车四平五　车 5 平 8
26. 炮五进一！卒 3 进 1
27. 兵七进一　车 2 平 3
28. 炮八平六　炮 4 平 2
29. 马七进六　车 8 进 2
30. 相一进三！车 3 进 2
31. 兵四进一　炮 6 平 8
32. 马六进四　车 8 平 7
33. 车五平二！车 7 平 6
34. 马四进六　车 6 退 2
35. 马六退五　车 3 平 4
36. 马五进四！（图 194）

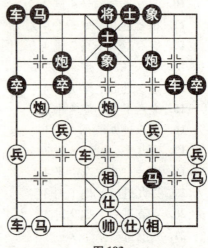

图 193

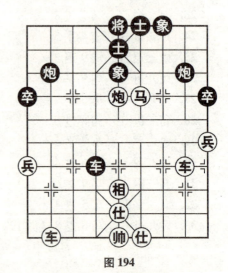

图 194

第 98 局 赵国荣胜孙勇征

1. 兵七进一　炮 2 平 3
2. 炮二平五　象 3 进 5
3. 仕六进五　卒 7 进 1
4. 马二进三　马 8 进 7
5. 车一平二　车 9 平 8
6. 车二进六　马 2 进 4
7. 炮八平六　马 7 进 6
8. 马八进七　车 1 平 2
9. 车二退二　马 6 进 7
10. 炮五平四　车 8 进 1
11. 相七进五　车 8 平 7（图 195）
12. 马七进六　车 2 进 4
13. 车九平六！炮 3 平 1
14. 炮四退一　马 7 退 6
15. 炮四平一　马 6 进 4
16. 车二平六　卒 7 进 1
17. 炮六进六　卒 7 进 1？
18. 炮六退一！士 4 进 5
19. 炮六平二　炮 1 平 8
20. 前车平二！炮 8 平 9
21. 马三退二　炮 9 进 4
22. 炮一平三　卒 7 平 8
23. 车二退一　车 7 进 7
24. 马二进一　车 7 退 4
25. 车二平一　卒 9 进 1
26. 车一平四　卒 3 进 1
27. 兵七进一　车 7 平 3
28. 马一进三　车 2 进 2
29. 车六进六　车 2 平 1
30. 车六平五　车 3 平 4
31. 仕五退六　车 1 平 4
32. 仕四进五　后车退 1
33. 车五退二　后车平 8
34. 车四进五　车 8 进 3
35. 马三进四　车 8 平 6
36. 车五平八　象 5 退 3

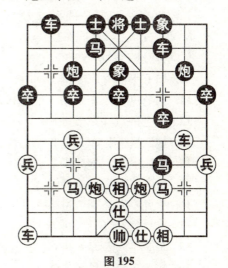

图 195

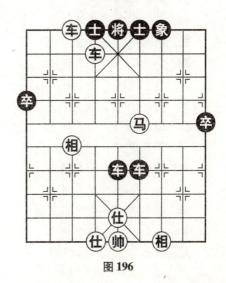

图 196

37. 车八进五　车4平3　　　　**38.** 相五进七！车3平5

39. 车八平七　士5退4　　　　**40.** 车四平六（图196）

第 99 局　洪智胜吕钦

1. 兵七进一　炮2平3　　　　**2.** 炮二平五　象3进5

3. 仕六进五　卒7进1　　　　**4.** 马二进三　马8进7

5. 车一平二　车9平8　　　　**6.** 车二进六　马2进4

7. 炮八平六　马7进6

8. 车二退二　车1平2

9. 马八进七　马6进7

10. 炮五平四　车8进1

11. 相七进五　车8平7（图197）

12. 马七进六　车2进6

13. 炮四进一！车2退2

14. 炮四退二　炮8平7

15. 炮四平一　马7退6

16. 车九平六！卒7进1！

17. 车二平三　马6进4

18. 车三平六　马4进6

19. 兵七进一！象5进3

20. 马三进四　士4进5　　　　**21.** 马四进五　炮7平9

22. 相五进三！炮3平5　　　　**23.** 炮一平三　车7平8

24. 炮六平三　车8退1　　　　**25.** 马五退三！炮5平4

26. 马三进四　士5进6　　　　**27.** 前炮进七　士6进5

28. 前车平五　炮9平7　　　　**29.** 前炮退一　车8进3

30. 相三退五　象3进5　　　　**31.** 后炮进五　卒1进1

32. 车五进二　炮4平1　　　　**33.** 车五平七　炮1进4

34. 前炮平一　士5退4　　　　**35.** 炮一退一　车2平5

36. 炮一平四　车5进2　　　　**37.** 车六进八　炮1平9

38. 车七进三　炮7退2　　　　**39.** 炮三平七　车5平3

40. 炮七平五　象5进3　　　　**41.** 炮五退一！车3平2

42. 车七退一！（图198）

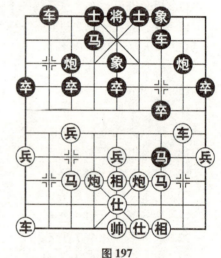

图 197

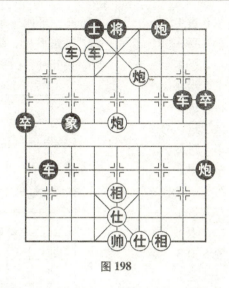

图 198

第 100 局　洪智胜徐超

1. 兵七进一　炮2平3	2. 炮二平五　象3进5
3. 仕六进五　卒7进1	4. 马二进三　马8进7
5. 车一平二　车9平8	6. 车二进六　炮8平9
7. 车二平三　马2进1	8. 炮八平六　士4进5
9. 马八进七　车8进5!	10. 车九平八　车8平3

11. 车八进七　炮3平4（图199）

12. 马七进八　马7退9!

13. 相七进九　炮4进4

14. 车三平五!　炮9平2

15. 相九进七　炮2进1

16. 车五退二　炮4平7

17. 相三进一　车1平4

18. 车五平四　马9进7

19. 车四进四　马1退3

20. 相七退九　炮2进1

21. 车四退五　车4进5

22. 马八退七　车4进1

23. 车四平三　炮2进2!

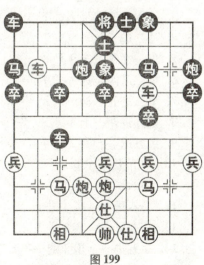

图 199

24. 相一退三　卒 3 进 1

25. 车三平四　车 4 进 1

26. 兵五进一　车 4 平 3

27. 车四平八　马 3 进 4

28. 帅五平六！车 3 平 1

29. 兵五进一　马 4 进 3

30. 车八进六　士 5 退 4

31. 车八平六　将 5 进 1

32. 兵五平四　马 7 进 5

33. 帅六平五　车 1 进 2

34. 仕五退六　车 1 退 3

35. 兵四进一　车 1 平 7

36. 兵四平五　车 7 进 1

37. 仕六进五　车 7 退 1

38. 兵五平四　象 5 退 3

39. 兵四进一　马 3 进 2

40. 车六平七　马 2 退 4

41. 车七退一　将 5 退 1

42. 兵四平五！将 5 平 4

43. 兵五平六（图 200）

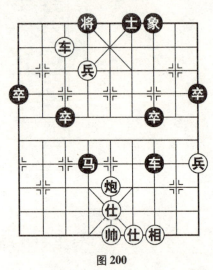

图 200

第 101 局　洪智胜张申宏

1. 兵七进一　炮 2 平 3

2. 炮二平五　象 3 进 5

3. 仕六进五　卒 7 进 1

4. 马二进三　马 8 进 7

5. 车一平二　车 9 平 8

6. 车二进四　炮 8 平 9

7. 车二进五　马 7 退 8

8. 炮五进四　士 4 进 5

9. 兵五进一　马 2 进 4

10. 炮五平六　车 1 平 2

11. 炮八平六　马 4 进 2

12. 马八进九　卒 3 进 1

13. 车九平八　卒 3 进 1

14. 兵五进一　炮 3 退 1（图 201）

15. 马三进五！车 2 平 3

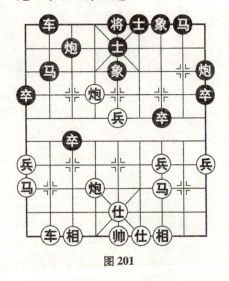

图 201

16. 前炮平八　卒 3 平 4！
17. 马五进六　马 8 进 7？
18. 炮八平七　炮 3 平 4
19. 炮七进一！炮 4 进 1
20. 车八进六　卒 4 进 1
21. 炮六平七　车 3 平 1
22. 兵五进一　马 7 进 6
23. 兵五进一　象 7 进 5
24. 马六进五　马 6 退 5
25. 前炮平五　将 5 平 4
26. 炮七平二！炮 9 平 8
27. 车八进一　车 1 平 3
28. 相七进五　车 3 进 3
29. 车八进二　将 4 进 1
30. 车八退四　卒 4 平 5
31. 车八平五　卒 5 平 6
32. 兵九进一　车 3 平 4
33. 马九进八　炮 8 进 1
34. 炮五平三　车 4 平 2
35. 车五平七　炮 4 进 1
36. 车七进三　将 4 进 1
37. 马八进六　车 2 进 1
38. 炮二进三　将 4 平 5
39. 车七退四　车 2 进 5
40. 相五退七　将 5 平 4
41. 相三进五　车 2 退 5
42. 马六进四　炮 4 平 5
43. 车七平六（图 202）

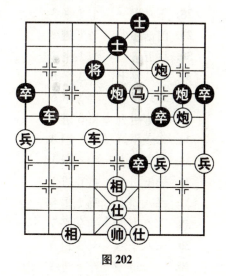

图 202

第 102 局　徐天红胜柳大华

1. 兵七进一　炮 2 平 3
2. 炮二平五　象 3 进 5
3. 仕六进五　卒 7 进 1
4. 马二进三　马 8 进 7
5. 车一平二　车 9 平 8
6. 车二进四　炮 8 平 9
7. 车二平六　马 2 进 1
8. 炮八平六　车 1 平 2
9. 马八进七　士 6 进 5
10. 车九平八？车 2 进 9
11. 马七退八　卒 1 进 1（图 203）
12. 车六进一　卒 3 进 1！
13. 车六退一　车 8 进 4
14. 相七进九　卒 3 进 1
15. 车六平七　炮 3 平 4
16. 炮六平八　马 7 进 6
17. 车七平四　卒 7 进 1！
18. 车四平三　马 6 退 7
19. 马八进七　炮 9 退 1
20. 车三平四　炮 9 平 7

21. 兵三进一　马1进2

22. 马七进八　象5退3！

23. 炮五平七　象7进5

24. 相三进五　炮4平1

25. 炮七退二！炮1退1

26. 炮七平八　马2退1

27. 车四平六　炮7平9

28. 车六退一　车8平3

29. 前炮平七　马1进2

30. 兵五进一　炮1平2

31. 炮八平七　车3平6

32. 车六进五！将5平6

33. 后炮进九　将6进1

34. 车六平八　象5退3

35. 相五进七！将6退1！

36. 炮七进七　将6进1

37. 马八退七　马2退4

38. 车八退五　炮9平7

39. 车八平六　马4退3

40. 马三退一　车6进1

41. 兵三进一　炮7进3

42. 车六平三　炮7进1

43. 兵五进一　马3进5

44. 马七进五（图204）

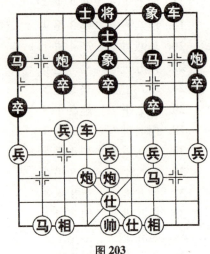

图 203

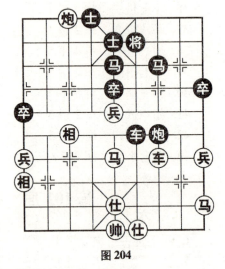

图 204

第103局　洪智负蒋川

1. 兵七进一　炮2平3

2. 炮二平五　象3进5

3. 仕六进五　卒7进1

4. 马二进一？马8进7

5. 车一平二　车9平8

6. 炮八平六　炮8进4

7. 马八进七　卒3进1

8. 马一退三　炮8退1

9. 车九平八　卒3进1

10. 车八进八　士4进5

11. 马七退九　炮 3 平 1

12. 兵五进一　炮 8 退 4

13. 车八退二　马 2 进 4（图 205）

14. 车二进六　炮 8 平 9

15. 车二平四　车 1 平 2

16. 车八平九　炮 1 平 3

17. 车四进二　炮 9 进 1

18. 马三进四　车 8 进 5

19. 炮六退二　卒 3 进 1

20. 马四退六　马 4 进 2

21. 车九平八　炮 3 退 1

22. 车四退二　炮 3 平 1！

23. 车四平三　炮 1 进 7

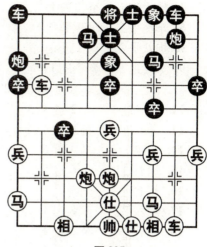

图 205

24. 车三进一　炮 9 进 4

25. 马六进七　马 2 退 4

26. 车八进三　马 4 退 2

27. 车三退一　车 8 平 5

28. 马七进六　车 5 退 1

29. 车三平一　炮 9 平 8

30. 车一平二　炮 8 平 9

31. 兵三进一？炮 9 平 5

32. 兵三进一　马 2 进 1

33. 兵三平四　车 5 平 3

34. 马六退五　车 3 平 6

35. 马五退七　车 6 平 3

36. 马七退六　炮 5 退 2

37. 车二平五　炮 1 进 1

38. 马六进八　炮 1 平 4

39. 帅五平六　马 1 进 2

40. 车五平九？马 2 进 3！

41. 马八退九　马 3 进 2

42. 帅六进一　车 3 平 4

43. 炮五平六　炮 5 平 7

44. 车九平三　车 4 进 1（图 206）

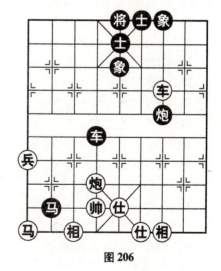

图 206

第 104 局　赵国荣胜洪智

1. 兵七进一　炮 2 平 3

2. 炮二平五　象 3 进 5

135

3. 仕六进五　　卒7进1　　　　**4.** 马二进三　　马8进7

5. 车一平二　　车9平8　　　　**6.** 车二进六　　马2进4

7. 炮八平六　　马7进6　　　　**8.** 马八进七　　车1平2

9. 车二退二　　卒7进1！　　　**10.** 车二平三　　炮8平7

11. 车三平四　　车8进4（图207）

12. 兵三进一　　车2进4？

13. 马七进六！　马6进4

14. 车四平六　　马4进6

15. 炮五进四　　士6进5

16. 相七进五　　炮7进5？

17. 炮六平三　　车8退1

18. 炮五平九　　卒3进1

19. 兵七进一　　象5进3

20. 炮九平三　　车2退1

21. 兵五进一　　车8进3

22. 兵九进一　　车2平5

23. 兵九进一　　车8平9

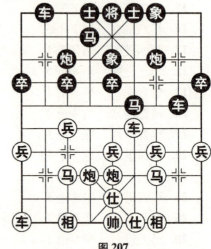

图 207

24. 兵九平八　　象3退5　　　**25.** 前炮进一　　车9平5

26. 车九进四　　卒9进1　　　**27.** 兵八平七　　后车平2

28. 兵七平六　　炮3平4　　　**29.** 车六平八　　车2平8

30. 前炮退一　　车5平4　　　**31.** 兵五进一　　卒9进1

32. 前炮平九　　车8平3

33. 炮九进三　　象5退3

34. 车八平七　　车4平3

35. 车七退一　　车3进3

36. 兵五平四　　象7进9

37. 兵四进一　　马6退4

38. 兵六进一　　炮4平8

39. 车九平八！　卒9平8

40. 兵三进一　　象9进7

41. 车八平二　　炮8平1

42. 炮三进二　　马4进2

43. 炮三平五　　士5进6

44. 兵六平五　　将5平6

45. 兵五进一（图208）

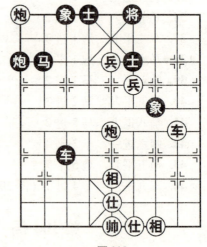

图 208

第105局　孙勇征胜洪智

1. 兵七进一　炮2平3　　　2. 炮二平五　象3进5
3. 仕六进五　卒7进1　　　4. 马二进三　马8进7
5. 车一平二　车9平8　　　6. 车二进六　马2进4
7. 炮八平六　马7进6　　　8. 马八进七　车1平2
9. 车二平四　马6进7　　　10. 马七进六　车8进1
11. 炮五平四　炮8平7
12. 相七进五　马7退8！（图209）
13. 马三退一　卒7进1！
14. 车四平三　卒7平6
15. 车九平六　车2进6
16. 马六进四　车2平5
17. 炮六进五！炮7平4
18. 车六进七　马4退2
19. 马四进二　士4进5
20. 车六退二　车5退2
21. 车六平五　卒5进1
22. 马一进二　炮3退1
23. 炮四平二　马8进9
24. 车三平七　马2进1

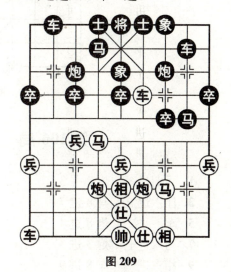

图209

25. 车七平九　象5退3
26. 后马进四　车8平6　　　27. 马四进三　车6进5
28. 车九平六　车6平8　　　29. 炮二平三　车8平7
30. 炮三平一　马9退8　　　31. 马三退五　马8进6
32. 帅五平六！车7退4　　　33. 炮一进一　马6进8
34. 炮一进一　马8退6　　　35. 炮一平三　车7平8
36. 炮三退一　马1进2　　　37. 马二进四！士5进6
38. 炮三平五　马6退5　　　39. 车六进三　将5进1
40. 车六退一　将5退1　　　41. 车六进一　将5进1
42. 车六退一　将5退1　　　43. 炮五进三　炮3进2
44. 兵七进一！车8进1　　　45. 炮五平三！（图210）

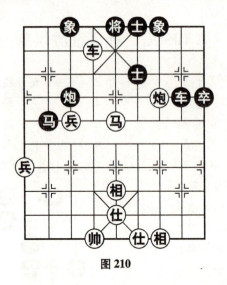

图 210

第 106 局　赵鑫鑫负吕钦

1. 兵七进一　炮 2 平 3	2. 炮二平五　象 3 进 5
3. 仕六进五　马 8 进 7	4. 马二进三　车 9 平 8
5. 车一平二　炮 8 进 4	6. 兵三进一　炮 8 平 7！
7. 马八进七　炮 3 进 3	8. 马七进六　炮 3 平 7
9. 相三进一　车 8 进 9	10. 马三退二　卒 7 进 1（图 211）

11. 车九平八　卒 3 进 1

12. 马二进四　前炮平 8

13. 炮八进一　炮 8 平 2

14. 车八进三　炮 7 平 8

15. 炮五平三　卒 7 进 1！

16. 炮三进五　炮 8 平 4

17. 车八进一　炮 4 平 3

18. 车八进四　炮 3 平 6

19. 炮三平四　士 4 进 5

20. 炮四退一　将 5 平 4！

21. 马四进二　马 2 进 4

22. 帅五平六　士 5 进 4！

23. 马二进三　车 1 平 2

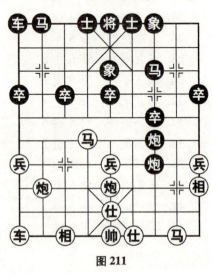

图 211

24. 车八平九? 车2进9　　　25. 车九退二　炮6进3

26. 帅六平五　车2平3　　　27. 仕五退六　炮6平1

28. 车九平五　车3平2　　　29. 炮四退一　车2退1

30. 仕六进五　车2进1　　　31. 仕五退六　车2退1

32. 炮四平六? 炮1进1

33. 仕六进五　车2进1

34. 炮六退五　卒3进1！

35. 车五退二　车2退4

36. 炮六进六　卒3平4！

37. 车五进二　车2进4

38. 仕五退六　卒4进1

39. 帅五进一　车2退1

40. 帅五进一　炮1退2

41. 相一退三　卒4平3

42. 帅五平四　车2平7

43. 车五平四　士6进5

44. 炮六平九　炮1平2

45. 车四平八　卒3进1（图212）

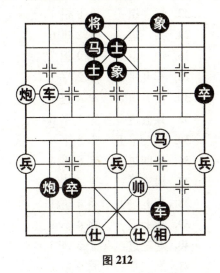

图 212

第 107 局　蒋川胜陈翀

1. 兵七进一　炮2平3

2. 炮二平五　象3进5

3. 仕六进五　士4进5

4. 马二进三　马8进9

5. 炮八平六　炮3进3

6. 炮五进四　马2进3

7. 炮五平一　车9平8

8. 车一平二　车1平2

9. 马八进九　卒3进1

10. 马九进七　炮3平2（图213）

11. 相七进五　卒3进1

12. 相五进七　马3进4

13. 马七进五　炮2平5

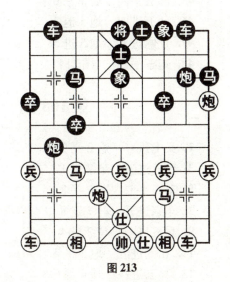

图 213

14. 兵五进一　马4进6　　　15. 相七退五　马6进7

16. 炮六平三　炮8进5　　　17. 炮三退一　车8进3

18. 炮一退一　车8进1　　　19. 炮一进一　车8退1

20. 炮一退一　车8进1　　　21. 炮一进一　车8退1

22. 炮一退一　车8进1　　　23. 炮一进一　卒1进1

24. 兵三进一　车2进6　　　25. 兵一进一　炮8退1

26. 炮一退一　马9退7?　　　27. 炮一进一　马7进9

28. 车九平七　车2平1　　　29. 车二进二　车8平4

30. 仕五退六　车4进1　　　31. 兵五进一　车4平5?

32. 兵五进一　车1平6　　　33. 兵五进一　象7进5

34. 炮三平五　车5平4　　　35. 炮五进六　将5平4

36. 仕四进五　车6平4

37. 炮五平三　士5进6

38. 车七进九　将4进1

39. 车七退一　将4退1

40. 炮三进二　士6进5

41. 炮三平一　马9退7

42. 后炮进二!　将4平5

43. 前炮平三　炮8平5

44. 车七退八　将5平4

45. 帅五平四　后车平6

46. 仕五进四　炮5退3

47. 仕六进五　炮5进5

48. 炮三平四!（图214）

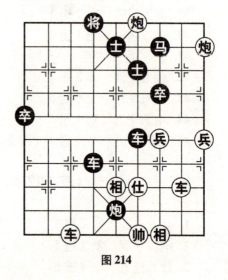

图214

第108局　郑惟桐胜汪洋

1. 兵七进一　炮2平3　　　2. 炮二平五　象3进5

3. 仕六进五　卒7进1　　　4. 马二进三　马8进7

5. 车一平二　车9平8　　　6. 车二进四　炮8平9

7. 车二进五　马7退8　　　8. 炮五进四　士4进5

9. 兵五进一　马2进4　　　10. 炮五平六　马4进2

11. 相七进五　炮3平4　　　12. 炮六退一　马2进4

13. 兵五进一　马4退6　　　14. 兵五平四　车1平2

15. 炮八平九　车2进4
16. 马三进五　炮9进4
17. 兵三进一　炮9退2（图215）
18. 兵三进一　象5进7
19. 炮六平三　马6进7
20. 兵四平三　车2进4!
21. 马五退七!　象7进5
22. 马七退六!　车2退1
23. 马八进七　象5进7
24. 炮九进四　炮4平1
25. 马七进六　车2退4
26. 炮九退二　马8进6
27. 车九平七　炮1进4
28. 后马进七　车2平1

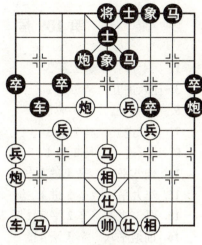

图215

30. 仕五退六　马6进7
32. 炮八平五　象7退5
34. 兵七进一　炮9平3
36. 马七进八　车1平4
38. 马七进八　车1平4
39. 马八退七　车4平1
40. 仕四进五　炮3进2
41. 马六进八　炮3平8
42. 马八进七　车1进2
43. 炮五退一　马4进3
44. 相五进七!　炮8退3
45. 相三进五　马3进5
46. 相五退七　车1退5
47. 前马退六　炮8平4
48. 炮五进四　士5进6
49. 炮五退二!　马5退7
50. 车八进六（图216）

29. 炮九平八　炮1进3
31. 炮八退一　马7进5
33. 炮五进一　卒3进1
35. 车七平八　马5退4
37. 马八退七　车4平1

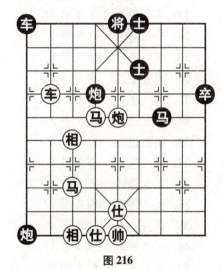

图216

第 109 局　聂铁文负赵鑫鑫

1. 兵七进一	炮 2 平 3	**2.** 炮二平五	象 3 进 5
3. 仕六进五	卒 7 进 1	**4.** 马二进三	马 8 进 7
5. 车一平二	车 9 平 8	**6.** 车二进四	炮 8 平 9
7. 车二进五	马 7 退 8	**8.** 炮五进四	士 4 进 5
9. 兵五进一	马 2 进 4	**10.** 炮五平六	车 1 平 2
11. 炮八平六	马 4 进 2	**12.** 马八进九	卒 3 进 1
13. 车九平八	卒 3 进 1	**14.** 兵五进一	炮 3 退 1

15. 马三进五　车 2 平 3（图 217）

16. 前炮平八　卒 3 平 4！

17. 炮六平五　炮 3 平 4

18. 兵三进一　卒 4 进 1

19. 马五进六　卒 7 进 1

20. 兵九进一　马 8 进 7

21. 马九进八　卒 7 平 6

22. 马八进九　车 3 进 3

23. 马九退八　车 3 平 7！

24. 车八进二　炮 9 进 4

25. 相三进一　炮 9 平 8

26. 炮五平二　炮 8 退 1

27. 兵九进一　卒 6 平 5

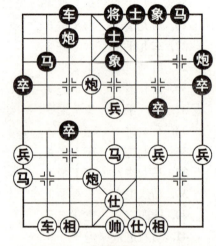

图 217

28. 兵九进一	象 5 进 3！	**29.** 相七进五	卒 5 平 4
30. 相五进三	炮 8 进 1	**31.** 相三退五	象 7 进 5
32. 相一退三	卒 9 进 1	**33.** 马八退七	后卒平 3
34. 兵九进一	卒 3 进 1	**35.** 车八进二	马 2 退 3
36. 马六进七	炮 4 平 2！	**37.** 炮八平五	马 7 进 5
38. 兵五进一	炮 2 平 4	**39.** 后马进九	炮 4 进 1
40. 车八平五	炮 4 平 1	**41.** 马九进八	象 5 退 7
42. 车五平二	炮 8 平 5	**43.** 车二平九	车 7 进 6
44. 炮二进二	车 7 退 5	**45.** 炮二平五	炮 5 平 8
46. 马八进九	象 3 退 1	**47.** 车九平六	车 7 平 5
48. 相五退三	卒 4 平 5	**49.** 兵五平四	马 3 进 4

50. 兵四平三　象7进5（图218）

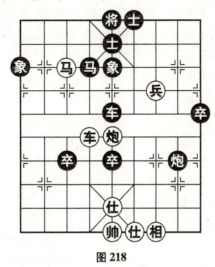

图 218

第 110 局　曹岩磊和许银川

1. 兵三进一　炮8平7	**2.** 炮八平五　象7进5
3. 仕四进五　卒3进1	**4.** 马八进七　马2进3
5. 车九平八　车1平2	**6.** 车八进六　炮2平1
7. 车八平七　马8进6	**8.** 炮二平四　车2进5

9. 相三进一　车9平8

10. 马二进三　士6进5

11. 车一平四　车8进6（图219）

12. 兵五进一　车8平3

13. 炮四进二　车2退3

14. 马三进五　炮1进4

15. 炮四退一　车3进1!

16. 炮四平九　车3退1

17. 车四进八　车3平5

18. 兵五进一! 车2进3!

19. 兵五进一　车5退3

20. 车七平五　马3进5

21. 车四退二　马5进6

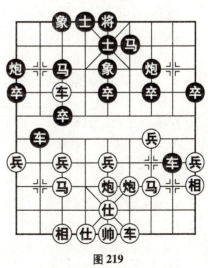

图 219

22. 炮九平四　车2平5　　　23. 炮五平二　炮7平6！
24. 炮四退一　马6进7　　　25. 炮四进五　士5进6
26. 车四退四　马7退8　　　27. 炮二退二　卒7进1
28. 相七进五！卒7进1　　　29. 相一进三　车5进1
30. 炮二平三　车5平9　　　31. 车四平二　车9退1
32. 车二进一　卒1进1　　　33. 仕五退四　士4进5
34. 炮三进一　卒9进1　　　35. 相五退三　车9进3
36. 炮三平五！卒9进1　　　37. 炮五进三　卒3进1
38. 炮五平二　卒9平8　　　39. 车二进一　卒1进1
40. 相三退五　卒3平2
41. 仕四进五　车9退4
42. 车二平五　车9平2
43. 仕五进六　卒1进1
44. 车五退一　卒2进1
45. 相五进七　卒1进1
46. 仕六退五　卒1平2
47. 车五平六　前卒平3
48. 相三进五　车2进1
49. 帅五平四　卒3进1
50. 帅四平五　卒2进1
51. 车六退一　车2进1
52. 相五退三　卒2进1
53. 相七退五（图220）

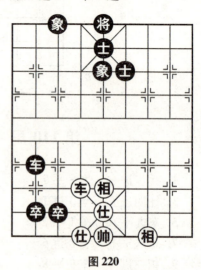

图 220

第 111 局　柳大华胜黄仕清

1. 兵三进一　炮8平7　　　2. 炮八平五　象7进5
3. 仕四进五　卒3进1　　　4. 马八进七　马2进3
5. 车九平八　车1平2　　　6. 车八进四　炮2平1
7. 车八进五　马3退2　　　8. 炮五进四　士6进5
9. 兵五进一　马8进6　　　10. 炮五平四　马6进8
11. 相三进五　炮7平6　　　12. 炮四退一　马8进6
13. 兵五进一　马6退4（图221）14. 兵五平六　车9平8
15. 炮二平一　车8进4　　　16. 马七进五　炮1进4

17. 兵七进一　卒 3 进 1

18. 兵六进一　马 4 进 2?

19. 炮四进一!　卒 3 进 1

20. 炮四平八　炮 1 平 5

21. 马二进三　炮 5 退 1

22. 车一平二　车 8 进 5

23. 马三退二　马 2 进 1

24. 炮八平三　卒 1 进 1

25. 兵六平五　马 1 进 2

26. 兵五平四　炮 6 平 9?

27. 马二进三　马 2 进 4

28. 兵三进一　炮 9 平 7

29. 炮一进四　马 4 进 2

30. 炮一进三　马 2 进 3

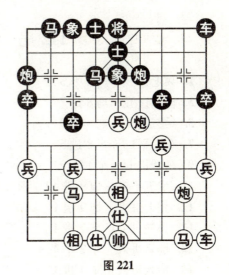

图 221

31. 帅五平四　马 3 退 4

32. 炮三平二!　将 5 平 6

33. 马三进二?　炮 7 平 8

34. 马二退三　炮 8 退 1

35. 兵三进一　炮 5 平 2

36. 兵三进一　炮 2 退 4

37. 马三进二　马 4 退 6

38. 马二进一　马 6 退 8

39. 兵四进一!　马 8 退 6

40. 马一进二　炮 2 平 8

41. 兵三进一　士 5 进 6

42. 兵三平二　马 6 退 8

43. 兵一进一　将 6 平 5

44. 兵一进一　士 4 进 5

45. 兵一进一　士 5 进 4

46. 炮二平五　将 5 平 4

47. 兵一平二　马 8 进 6

48. 前兵平三　马 6 进 5

49. 兵二平三　卒 1 进 1

50. 前兵平四　马 5 退 7

51. 炮五平六　士 4 退 5

52. 炮六退五　马 7 进 6

53. 仕五进六　将 4 平 5

54. 兵三进一（图 222）

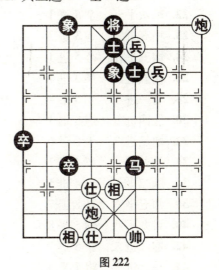

图 222

第 112 局　吕钦胜胡荣华

1. 兵七进一　炮 2 平 3　　　　2. 炮二平五　象 3 进 5

3. 仕六进五　马 8 进 7　　　　4. 马二进三　车 9 平 8

5. 兵三进一　炮 8 平 9　　　　6. 炮八平六　车 8 进 4

7. 车一平二　车 8 进 5　　　　8. 马三退二　马 2 进 4

9. 马八进七　车 1 平 2　　　　10. 马七进六　车 2 进 4

11. 炮五平三！炮 9 进 4？（图 223）

12. 相七进五　炮 9 退 1？

13. 兵三进一！卒 7 进 1

14. 炮六进六　车 2 平 4

15. 炮六平八！车 4 进 1

16. 炮八退四　车 4 进 1

17. 炮八平一　车 4 平 5

18. 车九平六　士 6 进 5

19. 炮一退三　马 7 进 6

20. 马二进一　卒 7 进 1

21. 车六进五　车 5 退 2

22. 车六平五　车 5 进 1

23. 相五进三　炮 3 进 3

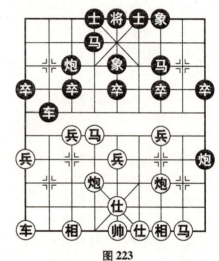

图 223

24. 炮三平九　卒 5 进 1　　　　25. 相三退五　炮 3 进 2

26. 仕五进四　卒 3 进 1　　　　27. 炮一平四　马 6 退 7

28. 马一进三　卒 5 平 4　　　　29. 炮四平三　马 7 进 5

30. 仕四进五　炮 3 退 1　　　　31. 炮九进四　马 5 进 6

32. 炮三进八　士 5 进 6　　　　33. 炮三平二　炮 3 平 6

34. 兵九进一　卒 4 进 1　　　　35. 炮二退五　马 6 进 8

36. 炮二平五　士 4 进 5　　　　37. 马三进四　炮 6 平 5

38. 帅五平六　马 8 退 7　　　　39. 兵九进一　卒 3 进 1

40. 兵九平八　炮 5 平 8　　　　41. 炮五平二　马 7 进 6

42. 炮二进二　象 5 进 7　　　　43. 马四进六　卒 3 进 1

44. 马六进七　将 5 平 4　　　　45. 炮九平六　炮 8 进 3

46. 相三进一　炮 8 退 4　　　　47. 兵八进一　卒 9 进 1

48. 兵八平七　马 6 退 4　　　　49. 炮六平三　卒 9 进 1

50. 马七退八　马4退6	51. 兵七进一　将4平5
52. 炮三进三　将5平6	53. 马八进七　士5退4
54. 炮二平四　士6退5	55. 马七退五！马6进5
56. 马五退三　马5退4	57. 马三进二（图224）

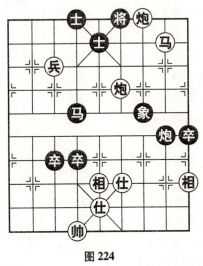

图 224

第113局　庄玉庭负吕钦

1. 兵三进一　炮8平7	2. 炮八平五　象7进5
3. 仕四进五　卒3进1	
4. 马八进七　马2进3	
5. 车九平八　车1平2	
6. 车八进六　炮2平1	
7. 车八平七　马8进9	
8. 炮二平四　士6进5	
9. 马二进三　车2进5	
10. 车一平二　车2平7（图225）	
11. 车二进七　炮7平6	
12. 车二退四　炮1退1	
13. 兵五进一！车9平8	
14. 车二平四　炮6平7	
15. 相三进一　车7退1	

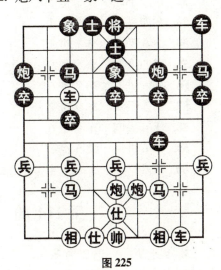

图 225

16. 马三进四　车8平6　　　17. 炮四退二　炮1平3

18. 车七平六　卒3进1!　　 19. 兵七进一　炮3进4

20. 马七进六　炮3平5　　　21. 马六进五　马3进5

22. 车六平五　炮5退1　　　23. 车四平五!　炮5进3

24. 马四退五　卒9进1　　　25. 前车退一　车6进4

26. 前车平四　车7平6　　　27. 马五进七　马9进8

28. 车五进三　车6平7　　　29. 马七进五　车7进3

30. 马五进六　炮7退1　　　31. 车五退二　车7平9

32. 车五平二　马8退9　　　33. 炮四进五　车9进2

34. 仕五退四　车9退3　　　35. 车二进三　车9平5

36. 仕四进五　象5退7　　　37. 炮四平七　将5平6

38. 车二退三　车5平6　　　39. 炮七平四　士5进4

40. 车二进三　士4进5　　　41. 车二平四　将6平5

42. 车四进一　象3进5　　　43. 马六退七　炮7进1

44. 相七进五　炮7平6　　　45. 炮四平五　车6退3

46. 车四平二　卒9进1　　　47. 车二退五　将5平6

48. 炮五平八　象5进3!

49. 炮八退二　卒7进1

50. 马七进五　车6平5

51. 马五退六　车5进4

52. 车二平四　象3退5

53. 车四进一　卒9进1

54. 炮八平一　卒7进1!

55. 车四退一　车5平9!

56. 马六进五　卒7平6

57. 车四平八　车9进2

58. 仕五退四　车9平6

59. 帅五进一　象5退3

60. 车八平七　车6退1（图226）

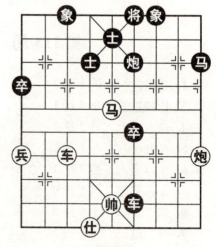

图226

第 114 局　蒋川胜赵国荣

1. 兵七进一　炮2平3　　　2. 炮二平五　象3进5

3. 仕六进五　卒7进1　　　4. 马二进三　马8进7

5. 车一平二　车 9 平 8　　　　6. 车二进四　炮 8 平 9

7. 车二进五　马 7 退 8　　　　8. 炮五进四　士 4 进 5

9. 兵五进一　马 2 进 4　　　　10. 炮五平六　马 4 进 2

11. 马八进七　车 1 平 4　　　　12. 炮六退六　马 2 进 1

13. 相七进五　车 4 进 6（图 227）

14. 兵九进一　马 1 进 3

15. 炮八进七　马 3 进 2

16. 马七进八！车 4 退 1

17. 马八进七！马 2 进 1

18. 马七退六　马 1 退 3

19. 炮六进一　马 8 进 7

20. 兵五进一　马 7 进 8

21. 马六进四　马 3 退 4

22. 兵五进一　马 8 退 7！

23. 马四进三　炮 3 平 7

24. 马三进五　炮 7 进 4

25. 马五进四　炮 7 平 8

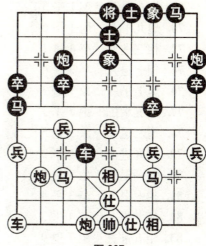

图 227

26. 兵五进一　炮 8 退 5　　　　27. 炮八退四　马 4 退 3

28. 炮六平九　炮 9 进 4　　　　29. 炮九进五　炮 9 退 2

30. 兵五进一　士 6 进 5　　　　31. 马四进六　象 7 进 5

32. 炮九平一　炮 9 进 1　　　　33. 炮一平二　炮 9 平 5

34. 兵九进一　炮 5 退 2　　　　35. 炮八退三　卒 7 进 1

36. 兵九平八　马 3 进 2　　　　37. 马六退五　卒 7 平 6

38. 马五退七　士 5 退 4　　　　39. 炮二退一　炮 5 进 1

40. 炮二进一　炮 5 退 1　　　　41. 炮二退一　炮 5 进 1

42. 炮二进一　炮 5 退 1　　　　43. 炮二退三　炮 5 进 3

44. 炮二进三　炮 5 退 3　　　　45. 兵八进一　炮 8 平 3

46. 炮二退四　炮 5 进 1　　　　47. 马七进六　象 5 进 3

48. 兵八平七　炮 3 平 4　　　　49. 马六退七　炮 4 进 5

50. 兵七平六　卒 6 平 5　　　　51. 兵六平五　卒 5 平 4

52. 马七退六　马 2 进 4　　　　53. 炮二平六　炮 4 进 2

54. 炮八进七　士 4 进 5　　　　55. 炮六平九　将 5 平 6

56. 炮九进七　将 6 进 1　　　　57. 炮九退一　将 6 退 1

58. 兵五平四　卒 4 平 5　　　　59. 兵四平三　象 3 退 5

60. 兵三进一　炮4退7　　61. 炮九平七　炮5平2
62. 兵三进一! 炮4平7　　63. 炮七平三　炮2退2
64. 炮三退七　卒5平4　　65. 仕五进四　象5进3
66. 炮三平四　炮2平6　　67. 炮四平九　炮6平1
68. 炮八退三　炮1平5　　69. 炮八平五　炮5平1
70. 炮九平七　炮1平6　　71. 相五进七　象3退1
72. 相三进五　卒4进1　　73. 仕四进五　卒4平3
74. 相七退九　卒3平4　　75. 炮七进三　炮6平7
76. 炮七平一　象1进3
77. 炮五平二　炮7平3
78. 炮二退三　象3退5
79. 相九进七　卒4平3
80. 炮一退三　象5进7
81. 相七退九　卒3平4
82. 相九进七　卒4平3
83. 相五进三　象7退9
84. 炮一进二　象9进7
85. 相七退九　卒3进1
86. 炮一退一　卒3进1
87. 炮一退一　炮3平5
88. 帅五平六（图228）

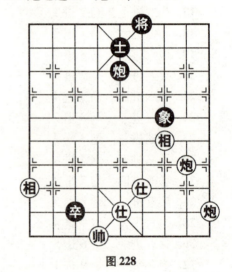

图228

第四章　红方炮打中卒变例

第 115 局　洪智胜赵国荣

1. 兵七进一　炮 2 平 3　　　2. 炮二平五　象 3 进 5
3. 炮五进四　士 4 进 5　　　4. 车一进二　马 8 进 7
5. 炮五退一　卒 3 进 1　　　6. 车一平六　卒 3 进 1
7. 相七进五　卒 7 进 1　　　8. 马八进六　车 9 平 8
9. 马二进三　炮 8 进 2　　　10. 兵五进一　车 8 进 3（图 229）
11. 车九平八　炮 8 进 1?　　12. 相五进七　车 8 平 3
13. 马三进五　炮 3 进 3　　　14. 炮八平七　炮 3 平 4
15. 车八进八!　马 7 进 6　　16. 车六平四　马 6 进 5
17. 马六进五　炮 8 退 4　　　18. 车八退四　炮 8 进 4
19. 仕四进五　车 3 平 5?　　20. 车八进四!　车 5 平 3
21. 炮七平八　车 3 退 3　　　22. 车四进六!　车 3 平 4
23. 帅五平四!　炮 8 退 5　　24. 车四平五!（图 230）

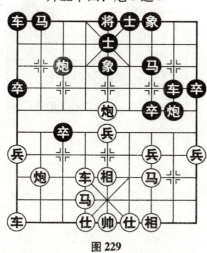

图 229

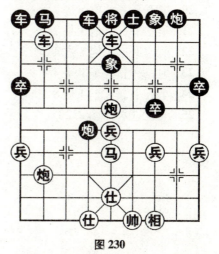

图 230

第 116 局　汪洋胜张强

1. 兵七进一　炮 2 平 3
2. 炮二平五　象 3 进 5
3. 炮五进四　士 4 进 5
4. 相七进五　马 2 进 4
5. 炮五退一　马 8 进 7
6. 车一进一　马 4 进 5
7. 马二进三　卒 3 进 1
8. 马八进六　卒 3 进 1
9. 相五进七　车 9 平 8
10. 车九平八　卒 7 进 1（图 231）
11. 兵五进一　马 5 进 3
12. 马三进五　马 7 进 6
13. 车一平四　马 6 进 7
14. 车四进二　卒 7 进 1
15. 炮八平四！车 8 进 1？
16. 炮四平三！马 3 进 5
17. 车四进一！炮 8 进 3
18. 车四平三　车 8 进 3
19. 炮五进一　象 7 进 9
20. 炮五平三　象 5 进 7
21. 车三平五！炮 3 平 7
22. 前炮退三　炮 7 进 4
23. 炮三平五　车 1 平 4
24. 车五平三　车 4 进 8
25. 马五进六（图 232）

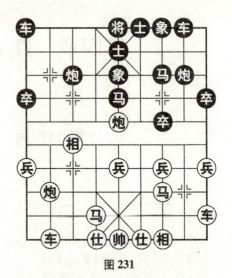

图 231

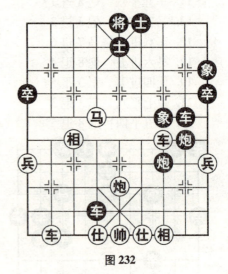

图 232

第 117 局 李鸿嘉负胡荣华

1. 兵七进一　炮2平3
2. 炮二平五　象3进5
3. 炮五进四　士4进5
4. 相七进五　马2进4
5. 炮五退一　车1平2
6. 马八进六　车9进1
7. 马二进三　车9平6
8. 车九平八　车2进4
9. 兵五进一　车6进5
10. 车一进一　马8进7（图233）
11. 车一平二　马7进5
12. 兵三进一　卒7进1
13. 马六进五？炮3平2！
14. 炮八进五　车2进5
15. 炮八平二　卒7进1
16. 炮二进一　卒7进1
17. 炮二平六　卒7进1
18. 仕四进五　马5进7
19. 炮六退五　车6退1
20. 马五进三　车2退5
21. 车二进五　马7进5
22. 炮六进一　马5进4！
23. 仕五进六　车2平5
24. 仕六退五　卒7进1
25. 车二平四　车6退2
26. 马三进五　车6平5（图234）

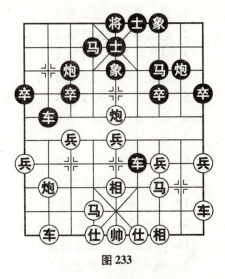

图 233

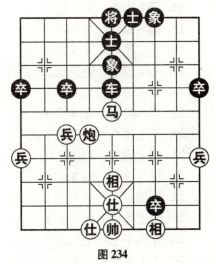

图 234

第 118 局　王天一胜张申宏

1. 兵七进一　炮 2 平 3
2. 炮二平五　象 3 进 5
3. 马八进九　车 9 进 1
4. 炮五进四　士 4 进 5
5. 马二进三　马 2 进 4
6. 炮五退一　车 9 平 6
7. 兵三进一　车 1 平 2
8. 车九平八　车 2 进 4
9. 兵五进一　车 6 进 5
10. 车一平二　马 8 进 9
11. 马三进五　卒 9 进 1（图 235）
12. 车二进二　车 2 进 2
13. 炮八平六　车 2 进 3
14. 马九退八　马 4 进 2
15. 炮六退一！卒 3 进 1
16. 车二平八　卒 3 进 1
17. 马五进七　炮 3 退 2？
18. 炮六进六！炮 8 平 4
19. 车八进五　车 6 平 4
20. 马七进八　炮 4 进 7
21. 相七进五　将 5 平 4
22. 后马进七　马 9 进 8
23. 仕四进五　炮 4 平 1
24. 炮五平六　将 4 平 5
25. 车八平七！炮 3 进 7
26. 车七退五　马 8 退 6
27. 炮六平四！（图 236）

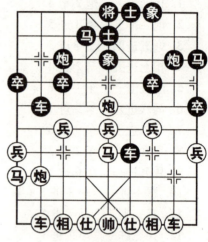

图 235

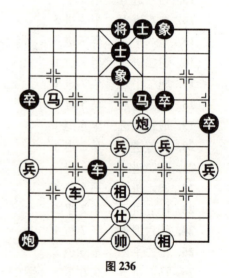

图 236

第119局 赵鑫鑫负孙勇征

1. 兵七进一　炮2平3

2. 炮二平五　象3进5

3. 炮五进四　士4进5

4. 相七进五　马2进4

5. 炮五退一　车1平2

6. 马八进六　车9进1

7. 马二进三　车9平6

8. 兵三进一　车2进4

9. 兵五进一　车6进5

10. 车一进一　马8进7

11. 车九平八　车6平1！（图237）

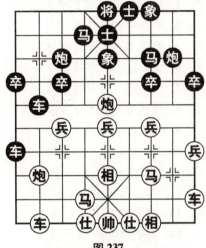

图237

12. 炮八平六　车2进5

13. 马六退八　车1平2

14. 车一平二　马7进5

15. 马八进六　卒7进1

16. 马三进五　卒7进1

17. 马五进三　卒3进1

18. 炮五平四！卒3进1

19. 兵五进一　马5进7

20. 马六进四　马4进3

21. 车二进五　马3进4

22. 相五进七　炮8平7

23. 相三进五？马4进6！

24. 仕四进五　炮7进3

25. 炮四退一　炮7进2

26. 炮四平三　马6退5

27. 车二平九　车2平6（图238）

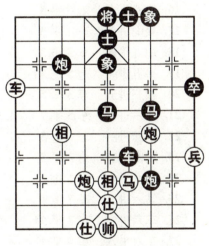

图238

第120局　万春林负庄玉庭

1. 兵七进一　炮2平3　　　2. 炮二平五　象3进5
3. 炮五进四　士4进5　　　4. 相七进五　马8进7
5. 炮五退一　车9平8
6. 马二进三　卒7进1
7. 车一进一　马2进1
8. 马八进六　车1平4（图239）
9. 兵五进一　马7进6
10. 兵九进一　车4进4
11. 车九进三　炮8平6
12. 兵九进一?　卒1进1
13. 炮五平九　马6进7
14. 炮九退一　马7退6
15. 炮九进一　象5退3
16. 炮八平七　炮6平5
17. 兵七进一?　车4平3
18. 炮九平四　车3进3
19. 兵五进一　炮5进5!
20. 相三进五　车3平5
21. 仕六进五　车5平7
22. 炮四进一　车8进5
23. 炮四平五　炮3平5
24. 车九平六　马1进2
25. 马六进五　车7退1
26. 车六进二　车7平5!
27. 车六平八　车5平4
28. 车一进一　车8平3
29. 仕五进六　将5平4
30. 仕四进五　车3退1（图240）

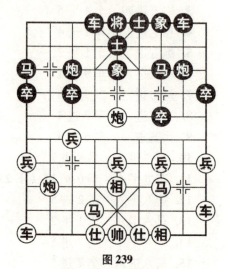

图 239

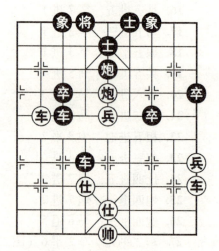

图 240

第 121 局 金波负洪智

1. 兵七进一　炮 2 平 3
2. 炮二平五　象 3 进 5
3. 炮五进四　士 4 进 5
4. 相七进五　马 2 进 4
5. 炮五退一　车 1 平 2
6. 马八进六　车 9 进 1
7. 马二进三　车 9 平 6
8. 兵三进一　车 2 进 4
9. 兵五进一　车 6 进 5
10. 炮八平七　车 6 平 4
11. 车一进一　马 8 进 7（图 241）
12. 车一平二　马 7 进 5
13. 马六进五　车 4 退 1
14. 车二进四　卒 7 进 1！
15. 兵三进一　车 4 平 5
16. 马五进三　炮 3 进 3！
17. 后马进五　炮 8 平 7
18. 兵三进一　炮 7 进 3
19. 马五进三　象 5 进 7
20. 车二平三　炮 3 平 7
21. 车三退一　车 5 平 7
22. 相五进三　车 2 平 5
23. 仕六进五　车 5 进 2
24. 车九平六　马 4 进 2
25. 兵三平四　马 5 进 6
26. 车六进四　车 5 平 3
27. 炮七平六　马 6 进 4
28. 兵九进一　车 3 进 3
29. 炮六退二　马 2 进 3
30. 相三进五　马 4 进 3
31. 车六退三　后马进 1（图 242）

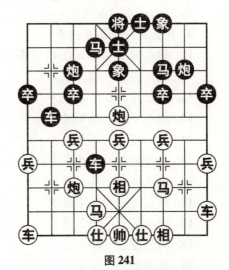

图 241

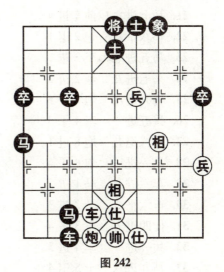

图 242

第 122 局　汪洋胜吕钦

1. 兵七进一　炮 2 平 3　　　2. 炮二平五　象 3 进 5

3. 马二进三　车 9 进 1　　　4. 炮五进四　士 4 进 5

5. 相七进五　马 2 进 4　　　6. 炮五退一　车 1 平 2

7. 马八进六　车 9 平 6　　　8. 车九平八　车 2 进 4

9. 兵五进一　车 6 进 4

10. 炮八进二　车 6 进 1！（图 243）

11. 马六进五　炮 3 平 2

12. 兵七进一！车 2 平 3

13. 炮八平六　马 8 进 9

14. 车一进一　车 6 退 3

15. 车一平六　车 6 平 4

16. 车八进一！马 4 退 2

17. 马五进七　车 4 退 1

18. 炮六进二　马 2 进 1

19. 马三进五　卒 1 进 1

20. 炮六平一　车 3 平 4

21. 马七进六！前车进 4

22. 车八平六　炮 2 退 1

23. 马五进七　卒 3 进 1

24. 马七进九　炮 2 进 3

25. 马九进八　炮 2 平 5

26. 兵五进一　车 4 平 3

27. 马八退九　炮 8 进 1

28. 兵一进一　炮 8 平 4

29. 车六进五　马 1 进 2

30. 车六平八　马 2 进 3

31. 仕四进五　车 3 平 4

32. 兵一进一　车 4 进 3

33. 马九进八　士 5 退 4

34. 炮一平二！（图 244）

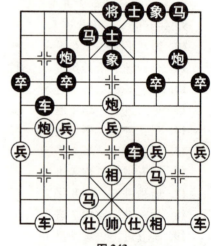

图 243

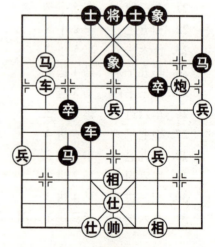

图 244

第 123 局 王斌负赵鑫鑫

1. 兵七进一 炮 2 平 3　　2. 炮二平五 象 3 进 5

3. 马二进三 车 9 进 1　　4. 炮五进四 士 4 进 5

5. 相七进五 马 2 进 4　　6. 炮五退一 车 1 平 2

7. 马八进六 车 9 平 6　　8. 兵三进一 车 2 进 4

9. 兵五进一 车 6 进 5（图 245）

10. 车一进一 马 8 进 7

11. 炮八平七 车 6 平 4

12. 车九平八 车 2 进 5

13. 马六退八 车 4 退 1

14. 车一平二 车 4 平 5

15. 兵七进一！马 7 进 5！

16. 兵七平六 卒 7 进 1！

17. 车二进三 炮 8 平 7

18. 兵三进一 马 5 进 7

19. 车二平五 马 7 进 5

20. 马三进五 炮 3 平 1

21. 炮七平九 炮 1 进 4

22. 炮九进四 炮 7 进 2

23. 兵六进一 马 4 进 2

24. 马八进七 炮 1 平 9

25. 兵六平七 马 2 进 3

26. 炮九平一 马 3 进 4

27. 炮五平六 马 4 进 3

28. 帅五进一 炮 7 进 4

29. 帅五平六 炮 9 进 2

30. 帅六进一 马 3 进 5！

31. 仕六进五 炮 7 退 1

32. 相五进三 炮 7 平 3

33. 炮一退二 后马进 3

34. 马五退七 马 3 退 4（图 246）

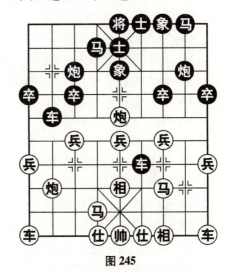

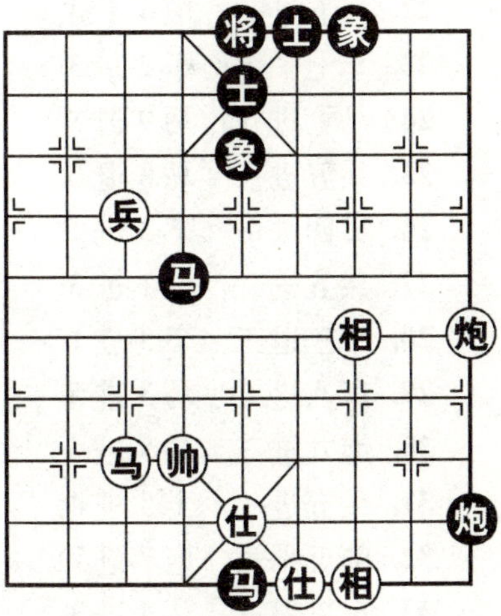

图 245

图 246

第124局　陶汉明胜吕钦

1. 兵三进一　炮8平7　　　　2. 炮八平五　象7进5

3. 马二进一　车1进1　　　　4. 炮五进四　士6进5

5. 马八进七　车1平4　　　　6. 车九平八　马2进1

7. 炮五平九　车4进3　　　　8. 车一平二　马8进9

9. 炮二平四　卒9进1

10. 仕六进五　车9平6

11. 车二进七?　马9进8

12. 相七进五　炮2平4（图247）

13. 车二退一　马8进9

14. 车八进四　车4平8

15. 车二平三　马9进7

16. 兵九进一　马7进9?

17. 炮四进二　马9退7

18. 炮四进二　车8平3

19. 兵三进一　车3进2

20. 兵三平四　马7退9

21. 车八平七　车3平2

22. 兵五进一　炮4平3

23. 车七平八　车2平3

24. 马七进九!　马9退8

25. 兵五进一　马8退6

26. 兵四进一　卒3进1

27. 兵五进一　马1进3

28. 车三退三　卒3进1

29. 车八进二　马3进5

30. 炮九进三　马5进4

31. 兵五进一　士5进4

32. 帅五平六　炮7进7

33. 车三退三　马4进3

34. 车三进三　炮3平5

35. 车八进三!（图248）

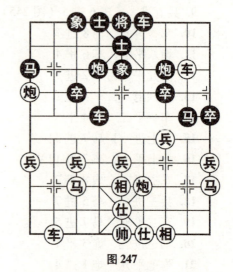

图247

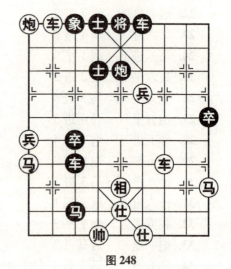

图248

第 125 局 卜凤波负党斐

1. 兵七进一　炮 2 平 3	2. 炮二平五　象 3 进 5
3. 马八进九　车 9 进 1	4. 炮五进四　士 4 进 5
5. 马二进三　马 2 进 4	6. 炮五退一　车 9 平 6
7. 兵三进一　车 1 平 2	8. 车九平八　车 2 进 4
9. 兵五进一　车 6 进 5	10. 车一进一　车 6 平 4
11. 相三进五　马 8 进 9	12. 车一平四　卒 9 进 1（图 249）
13. 仕四进五　车 2 进 2	
14. 炮八平六　车 2 进 3	

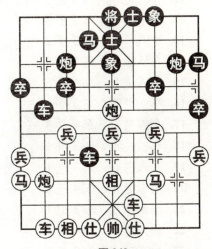

图 249

15. 马九退八　马 4 进 2
16. 炮五进一　马 2 进 1
17. 车四进四　马 1 进 2
18. 马八进九　车 4 退 3
19. 兵五进一　马 2 进 4
20. 仕五进六　炮 8 进 2！
21. 仕六退五　将 5 平 4
22. 马三进五？象 5 进 7！
23. 车四进一　炮 8 平 5
24. 兵三进一　卒 7 进 1
25. 兵九进一　卒 3 进 1
26. 帅五平四　炮 3 平 6
27. 车四平一　马 9 退 7！
28. 兵七进一　马 7 进 6
29. 帅四平五　车 4 平 5
30. 兵七平六　炮 5 进 1
31. 马九进七　炮 6 平 5
32. 兵六平五　车 5 平 2
33. 帅五平四　车 2 进 3
34. 车一平四　车 2 平 3
35. 马五进七　后炮平 6
36. 车四平六　将 4 平 5
37. 马七进八　炮 6 退 1
38. 车六退二　卒 7 进 1！（图 250）

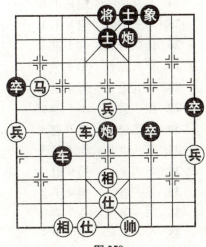

图 250

第126局 赵鑫鑫胜赵国荣

1. 兵七进一　炮2平3
2. 炮二平五　象3进5
3. 炮五进四　士4进5
4. 相七进五　马2进4
5. 炮五退一　车1平2
6. 马八进六　车9进1
7. 马二进三　车9平6
8. 车九平八　车2进4
9. 兵五进一　车6进5
10. 马六进五　马4进5
11. 车一进一　马5进7（图251）
12. 兵七进一！车2平3
13. 炮八平七　炮3平2
14. 车一平六　马7进5
15. 马五进七　马5进6
16. 车六平四　车3平4
17. 车四进一　车6平3
18. 车四进四　卒3进1
19. 车八进五　车3进1
20. 马七退五！车4进2
21. 车四平九　车3退1
22. 兵九进一　马8进9
23. 兵三进一　炮2平4
24. 车九平三　炮8进6
25. 车三平四　炮8平1
26. 仕四进五　炮1进1
27. 车八退五　车3平1
28. 相五退七　炮4退2
29. 相三进五　车1退1
30. 马五进四　炮1退3
31. 车八进九　炮1平3
32. 车四平一　马9退7
33. 兵三进一　炮4平3
34. 车一平三　马7进9
35. 车三平一　车1平5
36. 炮五进一　车5退1

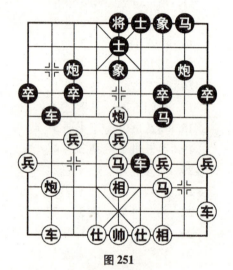

图 251

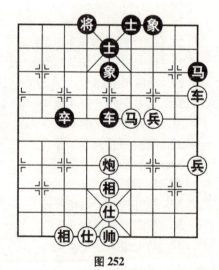

图 252

37. 马三进五　前炮平5?　　38. 车八平七　车4退6

39. 车七平六　将5平4　　　40. 炮五退三（图252）

第127局　徐天红负李鸿嘉

1. 兵七进一　炮2平3　　　2. 炮二平五　象3进5

3. 炮五进四　士4进5　　　4. 相七进五　马2进4

5. 炮五退一　车1平2　　　6. 马八进六　车9进1

7. 马二进三　车9平6

8. 兵三进一　车2进4

9. 兵五进一　车6进5

10. 炮八平七　卒7进1！（图253）

11. 马六进五！　车2进2

12. 兵三进一　马4进5

13. 兵三平二　马8进7

14. 兵二进一　马5进7！

15. 兵二进一　前马进8

16. 车九进一　马7进6

17. 兵二进一　车2平4

18. 车九平二　炮3平2！

19. 仕四进五　炮2进6！

20. 车一平二　炮2平8

21. 车二进一　车4平3

22. 炮七平六　车3平1

23. 兵二平三　车1平4

24. 兵三进一　车4退3

25. 炮六平七　卒1进1

26. 炮七进一　车4进3

27. 炮七进三　将5平4

28. 炮七平四　马6退8

29. 炮四平八　后马退6

30. 炮八退四　马6进7

31. 兵三平四　车6退6

32. 炮八平六　将4平5

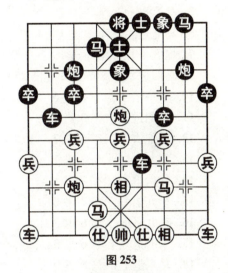

图253

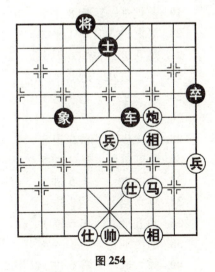

图254

33. 相五进三　车6进6　　34. 炮六平五　将5平4
35. 兵七进一　象5进3　　36. 前炮平九　马8进6！
37. 车二平四　车4平5　　38. 炮九平三　车5进1
39. 车四进一　车5平6　　40. 仕五进四　车6退2！（图254）

第128局　陶汉明负洪智

1. 兵七进一　炮2平3　　2. 炮二平五　象3进5
3. 马八进七　卒3进1　　4. 炮五进四　士6进5
5. 马七进六　卒3进1　　6. 马六进四　马2进4
7. 炮五平八　车9进1　　8. 马二进三　车9平6
9. 马四进六　卒3进1（图255）

10. 车一平二？车6进6
11. 相七进五　卒3进1
12. 后炮进一　车6平7
13. 车九进二　卒3进1
14. 仕六进五　车7进1
15. 车九退一　车7平6
16. 车九平七　车6退3
17. 车七进三　车6平3
18. 马六退七　马8进9
19. 前炮平一　炮8平6
20. 马七进六　车1平2
21. 炮八进二　炮6退1

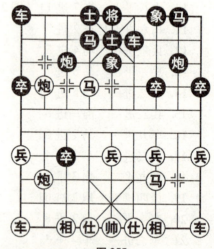

图 255

22. 车二进八　炮6平7　　23. 兵三进一　炮3进2
24. 车二平一　炮7进1！　25. 炮一平二　炮7平8
26. 兵一进一　马4进3！　27. 兵一进一　车2进4
28. 兵一进一　象5退3　　29. 车一进一　炮8平5！
30. 仕五进六　车2进5　　31. 帅五进一　车2平6
32. 兵一进一　士5进4　　33. 兵一平二　炮3平5
34. 马六退七　马3进4　　35. 车一退六　马4进6
36. 帅五平六　车6退1　　37. 仕六退五　后炮退1！
38. 炮二平九　后炮平4　　39. 炮九平六　炮5平4
40. 帅六退一　马6进5（图256）

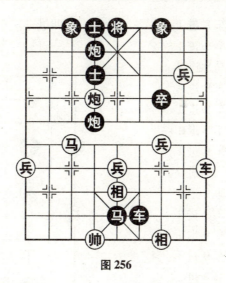

图 256

第 129 局　卜凤波负孙勇征

1. 兵七进一　炮 2 平 3		2. 炮二平五　象 3 进 5
3. 马八进九　车 9 进 1		4. 炮五进四　士 4 进 5
5. 马二进三　马 2 进 4		6. 炮五退一　车 9 平 6
7. 兵三进一　车 6 进 5		8. 车一平二　马 8 进 9
9. 车九平八　车 1 平 2		10. 相三进五　炮 8 进 4！

11. 兵五进一　炮 8 平 1（图 257）

12. 炮五平二　车 2 进 4！

13. 仕四进五　炮 3 平 2！

14. 炮八进五　车 2 进 5

15. 马九退八　马 4 进 2

16. 马八进七　马 2 进 1

17. 车二平四　马 1 进 2

18. 炮二退四　车 6 平 8

19. 马七进九　车 8 进 2

20. 车四进三　马 2 进 3

21. 帅五平四　车 8 退 1

22. 马三进四　车 8 进 2

23. 帅四进一　车 8 退 1

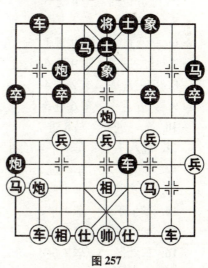

图 257

24. 帅四退一　车8进1　　25. 帅四进一　车8退5

26. 兵一进一？卒9进1　　27. 兵一进一　车8平9

28. 兵五进一　马9进8

29. 马四进三　车9进4

30. 帅四退一　车9进1

31. 帅四进一　车9退1

32. 帅四退一　车9进1

33. 帅四进一　马8进9

34. 车四平三　车9退1

35. 帅四退一　车9进1

36. 帅四进一　车9退1

37. 帅四退一　车9进1

38. 帅四进一　马3进5！

39. 车三平二　马5退7

40. 车二平八　车9退1

41. 帅四退一　马9进8！（图258）

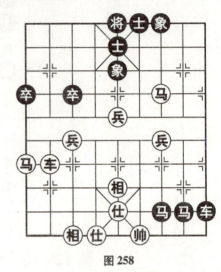

图 258

第130局　谢岿负蒋川

1. 兵七进一　炮2平3　　2. 炮二平五　象3进5

3. 炮五进四　士4进5　　4. 相七进五　马2进4

5. 炮五退一　车1平2

6. 马八进六　车9进1

7. 马二进三　车9平6

8. 兵三进一　车2进4

9. 兵五进一　车6进5

10. 车一进一　马8进7

11. 炮八平七　车6平4（图259）

12. 车九平八　车2进5

13. 马六退八　车4退1

14. 车一平六　车4平5

15. 车六进七　车5退1

16. 车六退二　卒7进1

17. 车六平七　马7进6！

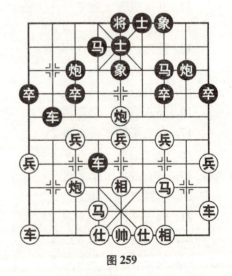

图 259

18. 兵三进一　马6进7	19. 仕六进五　车5平7
20. 马三进五　炮8平7	21. 相五进三　车7平5
22. 马五退三　马7退5	23. 相三进五　车5平1！
24. 马八进六　车1进2	25. 炮七平八　卒1进1
26. 车七平五　马5退7	27. 车五退三　车1进2
28. 车五平六　车1平2	29. 炮八平九　马7进5
30. 车六进一　马5进4！	31. 马三进四　马4退2
32. 车六进二　卒1进1	
33. 炮九退二　炮3平4！	
34. 炮九平八　马2进1	
35. 炮八平九　炮4进6	
36. 炮九进四　炮4平3	
37. 马四进六　车2进1	
38. 仕五退六　马1退2	
39. 马六进八　炮7退1	
40. 仕四进五　炮3平1	
41. 帅五平四　马2进3	
42. 炮九进四　车2退3	
43. 仕五进四　炮1退4	
44. 马八退六　炮1进5（图260）	

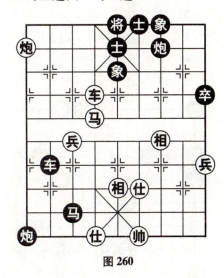

图 260

第131局　赵国荣负洪智

1. 兵七进一　炮2平3	2. 炮二平五　象3进5
3. 马二进三　卒3进1	4. 马八进九　卒3进1
5. 车九平八　车9进1	6. 车一平二　车9平4
7. 炮五进四　士4进5	8. 炮五平一　马2进1
9. 仕六进五　马8进9	10. 车二进四　卒3进1
11. 炮八进五　卒3平4	12. 兵九进一　车4进3（图261）
13. 兵一进一　车1平4	14. 相七进五　炮8平6
15. 炮一平九　前车平3	16. 车八进六　炮6平8
17. 炮九平三　马9进8	18. 车二平五　卒4进1
19. 炮八平五！象7进5	20. 车五进三　炮8平7
21. 炮三平五　马8进6	22. 炮五退二　马6进8！

23. 车五平三	炮3平5	24. 仕五进六	车4进7
25. 车三平五	将5平4!	26. 车八退五	车4进2
27. 帅五进一	马8进9!	28. 马三进一!	马1进2
29. 炮五平三	车3平6	30. 马九进七	车6进5
31. 车八平六	车4退1	32. 马七退六	马2进4
33. 相五进七	马4进3	34. 帅五进一	车6平4
35. 车五平八	车4退1	36. 车八进二	将4进1
37. 车八退一	将4进1	38. 炮三进四	士5退4
39. 车八退一	将4退1	40. 车八进一	将4进1
41. 车八进一	车4平5	42. 帅五平四	将4平5
43. 车八平六	马3进4	44. 车六退九	车5退2!（图262）

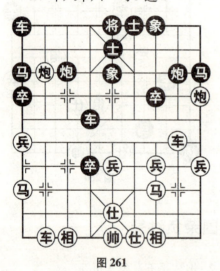

图261

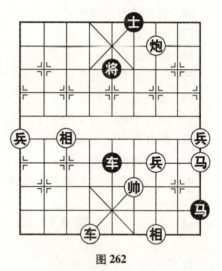

图262

第 132 局　蒋川胜于幼华

1. 兵七进一	炮2平3	2. 炮二平五	象3进5
3. 炮五进四	士4进5	4. 相七进五	马2进4
5. 炮五退一	车1平2	6. 马八进六	车9进1
7. 马二进三	车9平6	8. 兵三进一	车2进4
9. 兵五进一	车6进5	10. 车一进一	马8进7
11. 炮八平七	车6平4（图263）	12. 车一平二	马7进5
13. 马六进五	车4退1	14. 车二进四!	卒7进1!

15. 兵三进一　车4平5

16. 兵三平四　马5退7

17. 车二退一！车5平8

18. 马三进二　马7进6

19. 马二进四　车2平5

20. 车九平八　马4进5

21. 仕六进五　马5退7？

22. 马四进三　炮3平7

23. 车八进三　炮8进1

24. 马五进三　车5平7

25. 马三退四！卒3进1

26. 炮七平九　卒3进1

27. 炮九进四　士5退4

28. 炮九进三　象5退3

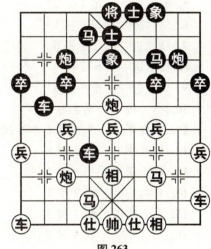

图263

29. 兵九进一　车7退1

30. 兵九进一　士6进5

31. 车八进四　炮8退1

32. 车八退二　象7进5

33. 车八平二　炮8平9？

34. 车二进四　士5退6

35. 车二退二　炮9进4

36. 车二退四　炮9退2

37. 车二平五　将5进1

38. 车五平六　车7进1

39. 兵九进一　车7退1

40. 兵九进一　炮7平1

41. 帅五平六　将5平6

42. 炮九退一！车7平2

43. 车六进五　将6进1

44. 马四进五　车2平5

45. 车六进一　士6进5

46. 车六退三！（图264）

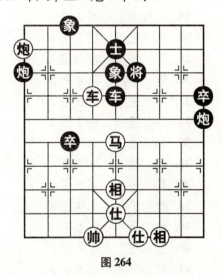

图264

第133局　蒋川胜郑惟桐

1. 兵七进一　炮2平3

2. 炮二平五　象3进5

3. 炮五进四　士4进5

4. 相七进五　马2进4

5. 炮五退一　车1平2

6. 马八进六　车9进1

7. 马二进三　车9平6

8. 兵三进一　车2进4

9. 兵五进一　车6进5

10. 车一进一　马8进7

11. 车九平八　车6平1（图265）

12. 炮八平七　车2平5

13. 马六退八　车1平2

14. 马八进六　车2平4

15. 马六进五　炮3进3!

16. 车一平二　炮8平9

17. 车二平九!　马7进5

18. 车九进五　炮3平2

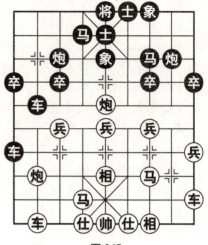

图 265

19. 车九进三　士5退4

20. 仕六进五　车4退1

21. 马五进七　卒3进1?

22. 炮七进三　马4进2

23. 炮七进四　士4进5

24. 车九退五　马2退3

25. 车九平八　马5进3

26. 车八进五　将5平4

27. 炮五平二　车4平5

28. 兵三进一!　前马退2

29. 兵三进一　炮9平6

30. 炮二平六　将4平5

31. 兵三平四　炮6平7

32. 马三进五　象5进3

33. 马七进九!　象7进5

34. 马九进八　炮7平2

35. 马五进三　炮2进3

36. 马三进二　车5平4

37. 马二进三　将5平4

38. 炮六平二　车4平8

39. 炮二平六　车8平4

40. 炮六平二　车4平8

41. 炮二平六　车8平4

42. 炮六平二　车4平8

43. 炮二平五　车8平5

44. 炮五进一　炮2退3

45. 炮五平一　象3退1

46. 马三退五（图266）

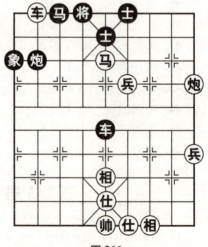

图 266

第 134 局　徐天红负吕钦

1. 兵七进一　炮 2 平 3
2. 炮二平五　象 3 进 5
3. 炮五进四　士 4 进 5
4. 车一进二　马 8 进 7
5. 炮五退一　卒 3 进 1
6. 车一平六　卒 3 进 1
7. 相七进五　车 9 平 8
8. 马二进三　卒 7 进 1
9. 马八进六　马 7 进 6
10. 车六进四　炮 8 平 7
11. 车九平八　马 2 进 1（图 267）
12. 车六平九　车 8 进 8
13. 仕六进五　马 6 进 7
14. 车九进一？车 1 进 2
15. 炮八平九　炮 3 退 2
16. 炮九进五　炮 7 平 1
17. 车八进七　炮 1 退 1
18. 马六进八　马 7 进 9
19. 仕五进四　马 9 进 7
20. 帅五进一　卒 3 平 4
21. 马八进九　车 8 退 2
22. 车八进二　炮 3 平 4
23. 马九进八　炮 1 平 4

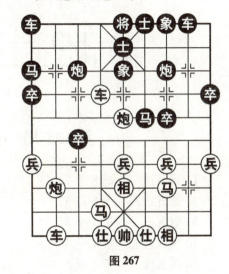

图 267

24. 炮五平九！车 8 平 5
25. 炮九进四　车 5 平 3
26. 帅五平四　前炮进 2
27. 炮九平六　炮 4 平 6
28. 马三进四　象 5 退 3！
29. 马八退六　炮 6 平 8
30. 马四退二　车 3 平 8
31. 炮六退五　车 8 平 3
32. 炮六平二　车 3 退 3
33. 车八退六　车 3 平 4
34. 车八平三　车 4 进 1
35. 车三退二　炮 8 平 7
36. 车三平二　车 4 进 4
37. 仕四进五　卒 7 进 1！
38. 炮二进一　炮 7 平 6
39. 炮二平四　车 4 退 4
40. 车二进四　卒 7 进 1
41. 帅四退一　炮 6 退 1
42. 兵一进一　炮 6 平 9
43. 炮四平五　将 5 平 4
44. 相三进一　炮 9 平 2
45. 兵一进一　卒 7 进 1
46. 兵一进一？卒 7 进 1
47. 车二平三　炮 2 进 6！（图 268）

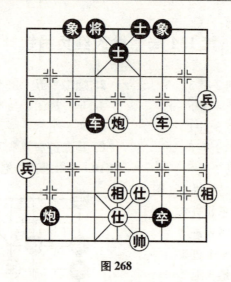

图 268

第 135 局　苗永鹏负吕钦

1. 兵三进一　炮 8 平 7	2. 炮八平五　象 7 进 5
3. 炮五进四　士 6 进 5	4. 相三进五　马 8 进 6
5. 炮五退一　车 9 平 8	6. 马二进四　车 1 进 1
7. 马八进七　车 1 平 4	8. 兵七进一　车 8 进 4
9. 兵五进一　车 4 进 5	10. 车一平二　车 4 平 9

11. 车九进一　马 2 进 3（图 269）

12. 炮二平四　车 8 进 5

13. 马四退二　车 9 平 8

14. 马二进三　卒 7 进 1！

15. 马三退一　车 8 平 7

16. 兵三进一　马 3 进 5！

17. 炮四进四　车 7 退 2

18. 炮四平七　车 7 平 6

19. 马一进二　车 6 进 2

20. 车九平二　炮 2 进 4

21. 马二退三　车 6 进 2

22. 车二进二　马 5 进 7！

23. 车二平八　车 6 平 7

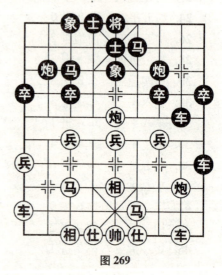

图 269

24. 仕六进五　车7平6
25. 帅五平六　马7进5
26. 车八平六　炮7进7
27. 帅六进一　炮7退9
28. 车六进一　马5退7
29. 车六进二　车6退3
30. 帅六退一　炮7平8
31. 炮五退二　卒9进1
32. 兵七进一　卒9进1
33. 相五退三　卒9进1
34. 相七进五　卒9平8
35. 炮七平八　将5平6
36. 兵七平六　卒8平7
37. 兵六平五　炮8进7
38. 马七进六　车6平5
39. 炮五平七　车5退1
40. 炮七进五　马6进8
41. 炮八平七　炮8退3!
42. 车六进二　象3进1
43. 前炮平八　车5平3
44. 帅六平五　马8进6
45. 车六平七　马7进8
46. 炮八进一　将6进1
47. 炮八退八　炮8平5!（图270）

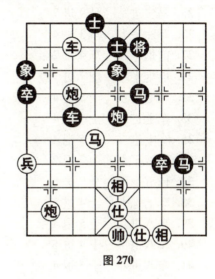

图 270

第136局　洪智胜吕钦

1. 兵七进一　炮2平3
2. 炮二平五　象3进5
3. 炮五进四　士4进5
4. 车一进二　卒3进1
5. 车一平六　卒3进1
6. 相七进五　炮3退2
7. 相五进七　马2进3
8. 炮五退一　马8进9
9. 马八进六　车9平8
10. 车九平八　炮3进5
11. 炮八平七　炮3平8（图271）
12. 马二进一　后炮平7

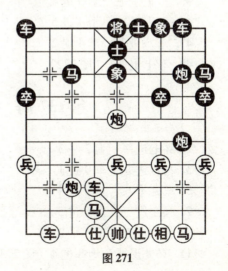

图 271

13. 兵一进一　炮 8 退 1　　14. 兵五进一　马 3 进 5

15. 车六进四　马 5 进 7　　16. 马六进四！车 1 平 3

17. 炮七平五　炮 8 进 3　　18. 车八进三　马 7 进 9

19. 兵三进一　炮 8 退 4！　　20. 车六退一　卒 7 进 1

21. 兵三进一　前马退 7　　22. 马一进二　炮 8 平 7

23. 马二进三　马 9 进 7　　24. 车六进一　后马进 9

25. 车六平七　车 3 平 4　　26. 仕四进五　车 8 进 9

27. 前炮平八　车 4 平 2　　28. 炮八平五　车 2 平 4

29. 前炮平八　炮 7 进 7?　　30. 炮八进四　车 4 进 2

31. 车七进三　士 5 退 4　　32. 车七退八　士 4 进 5

33. 车七进八　士 5 退 4　　34. 车七退一　士 4 进 5

35. 车七进一　士 5 退 4

36. 炮八平九　炮 7 退 2

37. 仕五退四　马 9 进 8

38. 车七退七！士 4 进 5

39. 车八进六　士 5 退 4

40. 车八退一　士 4 进 5

41. 车八进一　士 5 退 4

42. 炮五平三　马 8 进 7

43. 帅五进一　车 8 平 6

44. 车八退七　士 4 进 5

45. 车七进七　士 5 退 4

46. 车七退二　士 4 进 5

47. 车八进七　车 4 退 2

48. 车七退四！（图 272）

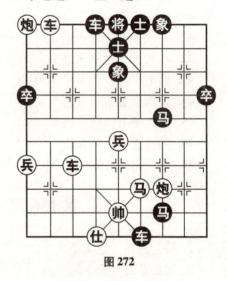

图 272

第 137 局　吕钦胜万春林

1. 兵七进一　炮 2 平 3　　2. 炮二平五　象 3 进 5

3. 马八进九　车 9 进 1　　4. 炮五进四　士 4 进 5

5. 车九平八　马 2 进 4　　6. 炮五退一　车 9 平 6

7. 马二进三　车 6 进 5　　8. 车一平二　车 6 平 7

9. 相七进五　车 1 平 2　　10. 炮八平六　车 2 进 9

11. 马九退八　炮 8 进 4（图 273）　12. 仕六进五　马 8 进 7

13. 炮五平六！　车7退2！

14. 车二进三　车7平4

15. 兵五进一　马4进5

16. 车二平五！　车4平2

17. 马八进七　象5退3

18. 马三进二　车2平8

19. 兵五进一　炮3平5

20. 马二退四　马5进7？

21. 兵五平四！　前马进6

22. 车五平四　马7进5

23. 炮六进四　车8进1

24. 炮六平九　马5进4

25. 炮九进三　象3进1

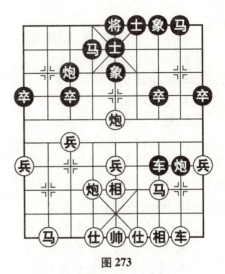

图 273

26. 马七进六　车8平4

27. 车四平八　将5平4

28. 兵四平五　炮5平9

29. 车八进六　将4进1

30. 车八退三　象7进5

31. 兵五进一　象5进7

32. 兵九进一　车4进1

33. 仕五进六　炮9进4

34. 仕四进五　炮9平5

35. 帅五平四　炮5平8

36. 兵九进一　炮8进3

37. 相三进一　炮8退6

38. 车八平七　车4平5

39. 兵五平六　车5平4

40. 车七进二　将4退1

41. 兵六平七　车4平2

42. 车七退一　车2平6

43. 帅四平五　车6退4

44. 车七进二　将4进1

45. 车七退一　将4退1

46. 前兵进一　炮8退1

47. 兵九进一　炮8平3

48. 兵九进一　炮3平5

49. 车七进一　将4进1

50. 兵九平八　炮5进4

51. 车七退一　将4退1

52. 兵八进一（图274）

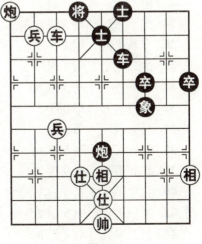

图 274

第 138 局　许银川负黄竹风

1. 兵七进一　炮 2 平 3　　　　2. 炮二平五　象 3 进 5

3. 炮五进四　士 4 进 5　　　　4. 相七进五　马 2 进 4

5. 炮五退一　车 1 平 2　　　　6. 马八进六　车 9 进 1

7. 马二进三　车 9 平 6　　　　8. 兵三进一　车 2 进 4

9. 兵五进一　车 6 进 5　　　　10. 车一进一　马 8 进 7

11. 车九平八　车 6 平 4（图 275）

12. 炮八平九　车 2 进 5

13. 马六退八　车 4 平 2

14. 马八进六　车 2 平 1

15. 炮九平七　车 1 平 4

16. 车一平二　炮 8 平 9

17. 马六进五　炮 3 进 3 !

18. 车二平九 !　马 7 进 5

19. 车九进五　马 4 进 2 !

20. 车九平八　炮 3 进 1

21. 炮七进四　炮 3 平 1

22. 仕四进五　马 5 进 3

23. 炮七平一　马 3 进 5

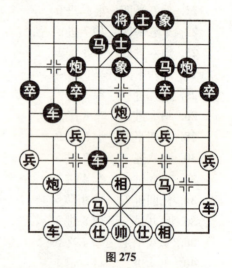

图 275

24. 炮一平二　马 5 进 3　　　　25. 炮二退三　马 3 进 4 !

26. 车八平九　炮 1 平 3　　　　27. 车九退六　车 4 退 3

28. 炮二平七　马 4 退 3　　　　29. 马五进七　车 4 平 6

30. 兵一进一　马 3 退 5　　　　31. 兵一进一　卒 7 进 1

32. 马三进五　车 6 平 5　　　　33. 兵一平二　卒 7 进 1

34. 马五进三　马 5 退 3　　　　35. 炮五退二　车 5 进 2

36. 炮五平一　车 5 平 6　　　　37. 车九进三　车 6 退 1

38. 车九平二　炮 9 进 3　　　　39. 马三进二　车 6 平 4

40. 兵二平三　车 4 进 1　　　　41. 兵三平四　炮 9 平 5

42. 炮一进一　炮 5 退 2　　　　43. 兵四平五　炮 5 平 1

44. 车二平九　马 2 进 4　　　　45. 马二进三　将 5 平 4

46. 炮一进五 ?　马 4 进 3　　　47. 相五进七　车 4 平 3

48. 相三进五　车 3 平 9　　　　49. 兵五平六　炮 1 平 5

50. 车九平五　马3进2!
51. 仕五进四　马2进3
52. 帅五平四　炮5进2
53. 相五进三　车9平7
54. 马三退四　炮5平6
55. 仕四退五　炮6退1
56. 帅四进一　车7平6
57. 仕五进四　车6平9
58. 车五平四　炮6进1!
59. 仕六进五　马3退5!（图276）

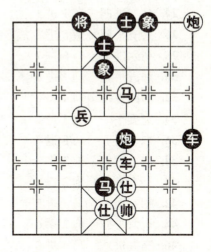

图 276

第 139 局　卜凤波负汪洋

1. 兵七进一　炮2平3
2. 炮二平五　象3进5
3. 马八进九　车9进1
4. 炮五进四　士4进5
5. 马二进三　马2进4
6. 炮五退一　车1平2
7. 车九平八　车9平6
8. 兵三进一　车2进4
9. 兵五进一　车6进5
10. 相三进五　马8进9
11. 仕四进五　炮8平6
12. 兵九进一　马9退7!（图277）
13. 兵七进一!　车2进2!
14. 兵七平六　车6平4
15. 车一平四　车4退2
16. 炮八平六　车2进3
17. 马九退八　马4进2
18. 马八进九　车4进1
19. 车四进四　马2进3
20. 马三进五　马3进1!
21. 炮五进一　卒1进1
22. 马五退三　马1进2
23. 兵五进一　车4平6

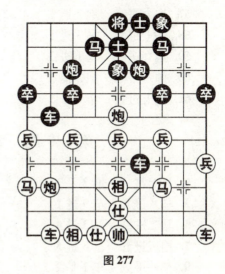

图 277

177

24. 马三进四　卒 1 进 1　　25. 炮六进六！马 7 进 6

26. 兵五平四　炮 6 进 2　　27. 马四进六！炮 6 平 5

28. 马六进七　马 6 进 7　　29. 炮六退六　马 2 退 4

30. 帅五平四　马 7 进 9　　31. 仕五进四　马 9 进 8

32. 帅四进一　马 4 退 6！　33. 相五进三　炮 5 平 3

34. 炮五平一　炮 3 退 2　　35. 炮一平七　炮 3 进 7

36. 炮七退五　马 8 退 7　　37. 帅四平五　卒 7 进 1

38. 炮七平九　炮 3 平 1　　39. 马九退七　炮 1 平 2

40. 马七进九　炮 2 退 2　　41. 炮九进三　马 6 进 4

42. 相三退五　马 7 进 5　　43. 帅五退一　马 4 进 6

44. 炮六平四　炮 2 平 6　　45. 帅五进一　马 5 退 4

46. 马九进八　马 4 进 6　　47. 帅五平六　炮 6 平 2

48. 仕六进五　士 5 进 4

49. 仕五进四　士 6 进 5

50. 炮九退一　马 6 退 5

51. 马八进六　卒 7 进 1

52. 马六进八　卒 7 平 6

53. 马八进七　将 5 平 6

54. 炮九退三　炮 2 进 2

55. 仕四退五　马 5 进 3

56. 帅六退一　卒 6 进 1

57. 炮九进一　炮 2 退 1

58. 马七退九　马 3 进 1

59. 炮九进一　马 1 进 3

60. 帅六平五　炮 2 退 3

61. 仕五进六　卒 6 平 5（图 278）

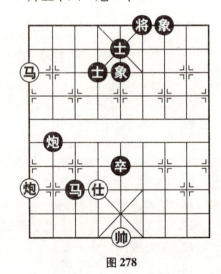

图 278

第 140 局　黄海林负孙勇征

1. 兵七进一　炮 2 平 3　　2. 炮二平五　象 3 进 5

3. 马八进九　车 9 进 1　　4. 炮五进四　士 4 进 5

5. 马二进三　马 2 进 4　　6. 炮五退一　车 9 平 6

7. 相三进五　车 6 进 5　　8. 炮八进一　车 6 进 1

9. 车一平三　车 1 平 2　　10. 车九平八　炮 8 进 4（图 279）

11. 仕四进五　炮8平5

12. 炮八退一　车6退3!

13. 马三进五　车6平5

14. 马五进三　车5退1!

15. 马三进二　马8进9

16. 炮八进六　卒3进1

17. 兵七进一　车5进1!

18. 马二退三　车5平3

19. 车三平四　炮3平2

20. 炮八平九　车2平1

21. 炮九平七　车1进2!

22. 炮七平八　车1退1

23. 炮八进一　炮2退1

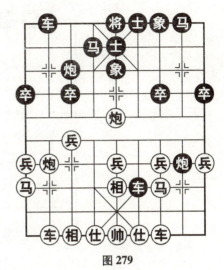

图 279

24. 炮八平九　卒7进1

26. 炮九平八　车1退1

28. 车八进六　炮2平3

30. 马九进八　马3进5

32. 车八平九　车4进1

34. 兵九进一　卒9进1

36. 马五进六　马9进8!

38. 马二进一　后车平3

40. 车九退二　炮4进2

42. 车四平五　炮4平5

44. 兵八进一　将5平4

46. 马三退四　车4进4

48. 车五平四　车3平8

50. 马五退七　车4退2

52. 车四退六　车4进1

54. 马七退八　车4平7

56. 车二进四　士5进4

58. 仕五退四　车9退4

60. 车五进一　车9退1

62. 车五进一　车9平4

64. 车五进二　士4退5

66. 兵八平七　士5进6

25. 马三退五　马4进3!

27. 炮八平四　士5退6

29. 兵九进一　车1平4

31. 马八进六　马5退7

33. 车四进六　炮3退1

35. 马六退四　马7退8

37. 马四进二　车3平4

39. 车九进三　炮3平4

41. 车九进二　象5退3

43. 兵九平八　马8进6

45. 马一进三　炮5退1

47. 马四退五　炮5退1

49. 车九退七　士6进5

51. 车九平六　车8进8

53. 车四平二　车4退1

55. 马八进六　车7平9

57. 车二平五　车9进3

59. 车五退一　车9进1

61. 车五退一　车9进1

63. 仕四进五　马6进4

65. 车五平一　马4进5

67. 车一平五　马5进7（图280）

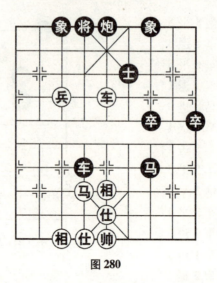

图 280

第 141 局　王斌负许银川

1. 兵七进一　炮 2 平 3　　　　2. 炮二平五　象 3 进 5

3. 马八进九　车 9 进 1　　　　4. 炮五进四　士 4 进 5

5. 车九平八　马 2 进 4　　　　6. 炮五退一　车 9 平 6

7. 马二进三　车 6 进 3　　　　8. 炮八平五　车 6 平 7!

9. 车一平二　车 7 进 2　　　　10. 车二进二　马 8 进 9

11. 前炮平六　炮 8 平 7（图 281）

12. 炮六退三　车 7 退 1!

13. 车二进二　车 7 平 3

14. 车二平七　炮 3 进 3

15. 车八进四　卒 3 进 1

16. 车八进二　车 1 平 2

17. 车八平九　车 2 进 6

18. 相三进一　马 4 进 2

19. 马三进二　车 2 平 4

20. 仕六进五　车 4 退 3

21. 车九退二　车 4 平 6

22. 车九平八　马 2 退 3

23. 马九进七　卒 7 进 1

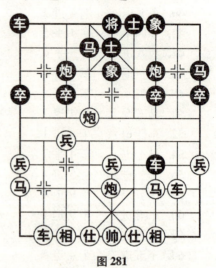

图 281

24. 相七进九	卒7进1！	25. 马七进五	车6平3
26. 马二退三	卒7平6	27. 马五退七	炮7进4
28. 兵五进一	马9进7	29. 马七退八	马7进8
30. 炮六平七	马8进6	31. 相九进七	卒3进1
32. 炮七进四	卒3平2	33. 炮五平四	卒6平5
34. 马八进六	马6进4	35. 仕五进六	马3进4
36. 炮四进四	卒9进1	37. 炮七平六	马4退3
38. 炮四平二	马3进2	39. 炮六退一	马2进3
40. 炮二退三	炮7平9	41. 炮二进一？	卒2进1
42. 兵九进一？	炮9平8	43. 兵九进一	卒9进1
44. 炮二进二	卒2平3	45. 兵九平八	马3进2
46. 仕四进五	卒3平4	47. 兵八进一	卒4平5
48. 兵八平七	马2进3	49. 帅五平四	前卒平6
50. 炮六平四	炮8进2	51. 帅四进一	炮8平7
52. 仕五退六	马3退2	53. 仕六进五	卒6平7
54. 马三退一	炮7平8	55. 兵七进一	卒5平6
56. 兵七进一	马2退4		
57. 炮四平九	马4退5		
58. 炮九退二	卒7进1		
59. 炮二退三	马5进3		
60. 炮二平五	卒7平8		
61. 相一进三	卒9平8		
62. 炮九退一	后卒进1！		
63. 帅四退一	将5平4		
64. 帅四平五	卒6平7		
65. 炮五进二	前卒平9		
66. 炮九平一	卒8进1		
67. 炮一进六	士5进6		
68. 炮五平四	将4平5（图282）		

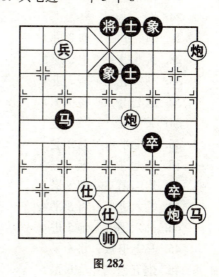

图282

第142局　吕钦胜金波

1. 兵七进一	炮2平3	2. 炮二平五	象3进5
3. 炮五进四	士4进5	4. 相七进五	马2进4

5. 炮五退一　车1平2　　6. 马八进六　车9进1

7. 马二进三　车2进4　　8. 兵五进一　车9平6

9. 兵三进一　车6进5　　10. 车一进一　马8进7

11. 车九平八　车6平4

12. 车一平二　马7进5（图283）

13. 炮八平七　车2进5

14. 马六退八　卒7进1

15. 车二平六　车4进2

16. 马八进六　卒7进1

17. 相五进三　炮3进3！

18. 马三进五　炮3平2

19. 炮七平三　卒3进1

20. 马六进四　马4进3

21. 仕六进五　炮8进4

22. 马五退七　炮8平3

23. 相三退五　将5平4

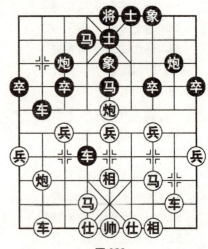

图283

24. 炮三进一　马5进7　　25. 炮五平四　卒9进1

26. 炮三进一　炮2进1　　27. 马四退二　士5进6

28. 兵九进一　炮2退5　　29. 马七退八！炮2平5

30. 马八进九　卒3进1　　31. 炮三平七　炮3平6

32. 炮七退三　将4平5　　33. 马二进四　卒1进1

34. 兵九进一　马3进1　　35. 马九进七　马1进2

36. 炮七平六　马2退3　　37. 炮六进四　马3进4

38. 马七进八　炮5进4　　39. 马八进六　马4进6

40. 炮四退三　炮5退2　　41. 帅五平六　马7进5

42. 马六进七　将5平4　　43. 炮四退一　炮6平4

44. 帅六平五　将5平4　　45. 仕五进六　马5进6

46. 马七退六　将4平5　　47. 炮六平五　将5平4

48. 炮五退二　马6退5　　49. 马六退八　炮5平8

50. 马八进七！将4进1　　51. 炮四平九　炮8退4

52. 仕六退五　炮8平4　　53. 炮九进三　士6进5

54. 马七进八　将4退1　　55. 炮九进五　象5退3

56. 炮九平七　象7进5　　57. 炮五进四　士5进4

58. 炮五退二　马5退7　　59. 炮七退六！将4平5

60. 马八退九　将5平6	**61.** 炮五平四　士6退5
62. 马九进七　后炮平7	**63.** 相三进五　炮7退2
64. 马七退五　炮7平8	
65. 马五进三　炮8进8	
66. 相五退三　炮8退4	
67. 仕五进四　炮8平5	
68. 相三进一　炮4平5	
69. 帅五平六　后炮平3	
70. 马三退二　炮3退2	
71. 相一进三　将6平5	
72. 炮四平五　将5平6	
73. 马二退四　马7退6	
74. 炮五进一　炮5平4?	
75. 马四进三　将6进1	
76. 炮五平四（图284）	

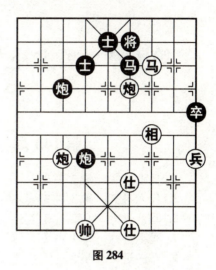

图 284

第五章　黑方补左象应对仙人指路变例

第 143 局　许银川胜陆伟韬

1. 兵七进一　炮 2 平 3
2. 炮二平五　象 7 进 5
3. 仕六进五　炮 3 进 3
4. 相七进九　炮 3 平 8
5. 马八进七　马 2 进 3
6. 车九平六　卒 7 进 1
7. 马七进六　车 1 平 2
8. 炮八平七　马 8 进 6（图 285）
9. 车一进一！卒 3 进 1
10. 车一平四　车 9 进 1
11. 马二进三　士 6 进 5
12. 兵三进一！前炮平 4
13. 车六进四　车 2 进 6
14. 兵三进一　车 2 平 3
15. 炮七平六　炮 8 平 7
16. 车六平四！马 6 进 8
17. 兵三进一　炮 7 退 2
18. 兵三进一　马 8 进 7
19. 后车平二　卒 3 进 1
20. 炮六进六　士 5 进 6
21. 炮六平二　炮 7 平 8
22. 炮二平三　炮 8 平 6
23. 车四平三　炮 6 平 7
24. 车二进八！将 5 进 1
25. 炮三平二！（图 286）

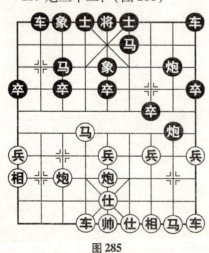

图 285

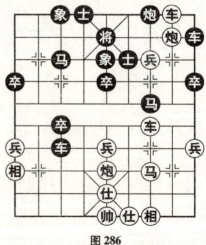

图 286

第 144 局 吕钦胜王天一

1. 兵七进一　炮 2 平 3

2. 炮二平五　象 7 进 5

3. 马八进九　马 2 进 1

4. 车九平八　车 1 进 1

5. 兵九进一　车 1 平 4

6. 马二进三　士 6 进 5

7. 车一平二　马 8 进 6

8. 马九进八　车 4 进 4

9. 马八进九　炮 3 退 1

10. 炮八进六！卒 7 进 1（图 287）

11. 兵九进一　车 4 平 3

12. 炮五平六！车 3 平 4

13. 仕六进五　卒 3 进 1

14. 炮八平九　炮 8 平 7

15. 相三进五　马 6 进 7

16. 炮九进一　卒 3 进 1

17. 车二进六　炮 3 进 2

18. 车八进八　卒 3 进 1

19. 兵九平八　车 9 平 7

20. 兵八平七！象 5 进 3

21. 马九退七　车 4 退 1

22. 马七进九　卒 3 进 1

23. 炮六退二　炮 7 平 4

24. 车八进一　炮 4 平 3

25. 车八退二　后炮退 1

26. 车八平九　前炮进 6

27. 相五退七　炮 3 进 8

28. 炮六进九！卒 3 进 1

29. 车九平七！（图 288）

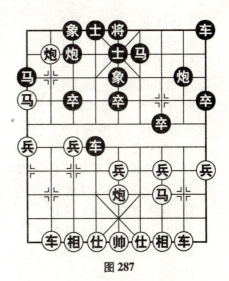

图 287

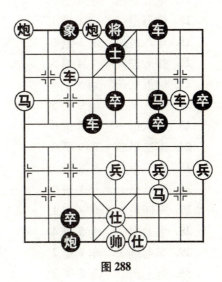

图 288

第 145 局　许银川胜李来群

1. 兵七进一　炮 2 平 3　　　　2. 炮二平五　象 7 进 5

3. 马八进九　卒 1 进 1　　　　4. 马二进三　士 6 进 5

5. 车九平八　卒 1 进 1　　　　6. 兵九进一　车 1 进 5

7. 炮八进六　！炮 3 平 2

8. 车一平二　车 1 退 4

9. 兵七进一　炮 8 平 6？

10. 兵七进一　车 1 平 2

11. 车二进八　车 2 平 4　（图 289）

12. 车八进六　车 4 进 7

13. 仕六进五　马 2 进 1

14. 兵七进　炮 2 退 2

15. 兵七进一　炮 2 平 1

16. 兵七进一　象 5 退 3

17. 炮五进四　炮 6 平 5

18. 炮五退二　炮 1 进 1

19. 车八进二　炮 1 进 6

20. 相七进九　车 4 退 5

21. 炮五平一　炮 5 平 9

22. 炮一平二　炮 9 平 5

23. 车八退一！马 8 进 6

24. 车二平四　车 9 平 8

25. 炮二平七　车 8 进 7

26. 车八平七　马 1 进 3

27. 车四退六　车 8 退 1

28. 炮七退一　士 5 进 4

29. 车七进一　车 8 退 2

30. 炮七退三　车 8 平 2？

31. 车七平二！马 3 进 4

32. 车四进六！（图 290）

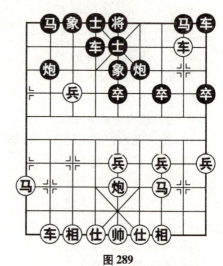

图 289

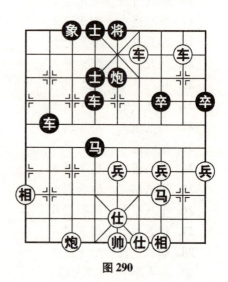

图 290

第 146 局 赵鑫鑫胜陶汉明

1. 兵七进一 炮 2 平 3　　2. 炮二平五 象 7 进 5

3. 马八进九 马 2 进 1　　4. 车九平八 车 1 进 1

5. 炮八进七！车 1 平 4　　6. 炮八平九 车 4 平 1

7. 炮九退二 车 1 进 1

8. 炮五进四 士 6 进 5

9. 马二进三 马 8 进 7

10. 炮五退一 卒 7 进 1

11. 车一平二 马 7 进 6（图 291）

12. 相三进五 车 9 平 6

13. 车八进六 马 6 进 7

14. 车八平七 车 6 进 4

15. 炮五进一 卒 7 进 1

16. 相五进三 车 6 平 3

17. 车二进二 车 1 平 2

18. 相三退五 车 2 进 5

19. 仕六进五 车 6 退 4

20. 兵七进一 车 2 平 3

21. 兵九进一！象 3 进 1

22. 炮五进二！车 6 平 3

23. 兵七进一 车 3 退 4

24. 炮五平九 马 7 退 6

25. 车二进三 马 6 进 4

26. 炮九进一 士 4 进 5

27. 兵五进一 车 3 平 2

28. 马三进五 炮 8 平 7

29. 车二进四 士 5 退 6

30. 炮九平四 将 5 进 1

31. 炮四退五 马 4 进 2

32. 兵五进一（图 292）

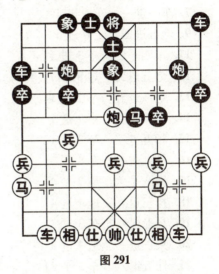

图 291

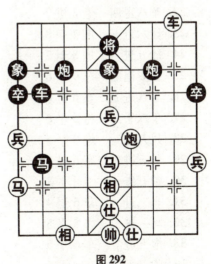

图 292

第147局　于幼华胜陶汉明

1. 兵七进一　炮2平3　　　2. 炮二平五　象7进5
3. 马八进九　马2进1　　　4. 车九平八　车1进1
5. 马二进三　车1平4　　　6. 仕六进五　马8进6
7. 车一进一　车4进4　　　8. 车一平四　马6进4
9. 炮五进四　士6进5　　　10. 相七进五　卒3进1（图293）
11. 车四平二　卒3进1!
12. 炮五退二　炮8平7
13. 炮八进五!　卒7进1
14. 车八进五　卒7进1
15. 相五进三　卒3进1
16. 马九进七　车4平3
17. 炮八平六　炮7平4
18. 相三退五!　炮4进4
19. 马七退八　车3进3
20. 兵三进一　炮4进2
21. 仕五退六　车3平2!
22. 车八退四　炮3进7
23. 仕六进五　炮4平8
24. 仕五进六　炮8退2
25. 相五退七　车9平6
26. 车八进五　车6进6
27. 车八平二　将5平6
28. 兵九进一　炮8平5
29. 马三进二!　车6进3
30. 帅五进一　炮5平7
31. 马二进一　车6退4
32. 马一进二　将6平5
33. 炮五进二!　车6平5
34. 帅五平四　车5平6
35. 帅四平五（图294）

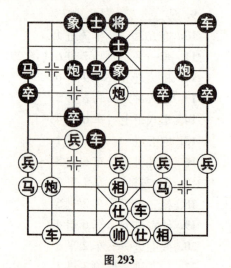

图293

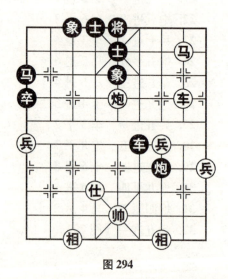

图294

第 148 局 徐天红负许银川

1. 兵七进一 炮2平3	2. 炮二平五 象7进5
3. 马八进九 马2进1	4. 车九平八 车1进1
5. 兵九进一 车1平4	6. 马二进三 士6进5
7. 马九进八 车4进5	8. 炮八平九 马8进6
9. 车一进一 车4平3（图295）	10. 炮五平六 车3退1
11. 车一平四 车9平6	12. 相七进五 车3平4
13. 仕六进五 卒7进1	14. 车四进五 炮8平7

15. 炮九退一 炮7进4
16. 炮九平六 车4平3!
17. 马八进九 炮3退1
18. 车八进四 马6进7
19. 车八平七? 车6进3
20. 车七平二 卒3进1
21. 马九退八 卒5进1
22. 兵九进一 炮3平1
23. 后炮平七! 士5退6!
24. 车二平六 炮1进3
25. 炮六平八 士4进5
26. 相三进一 炮1进5
27. 帅五平六 卒3进1!
28. 相五进七 炮1退4
29. 车六进四 士5进4
30. 车六退一 士6进5
31. 车六进一 炮7平8
32. 马三进二 卒7进1
33. 马二进一 炮8退3
34. 炮七进八? 车6平4!
35. 车六退二 炮8平4
36. 马八进七 象5退3
37. 马七进九 象3进1
38. 马一进三 卒7平6（图296）

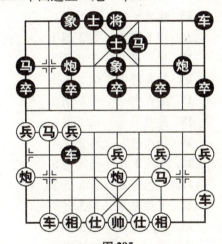

图 295

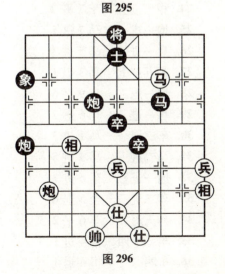

图 296

第 149 局　蒋川负申鹏

1. 兵七进一　炮2平3
2. 炮二平五　象7进5
3. 马八进九　马2进1
4. 车九平八　车1进1
5. 兵九进一　车1平4
6. 炮五进四　士6进5
7. 炮五平九　卒7进1
8. 马二进一　车4进5
9. 车一平二　车4平5
10. 仕六进五　炮8平6
11. 炮八进五　马8进7
12. 马九进八　炮3进3！（图297）
13. 炮八平四　士5进6
14. 相七进五　炮3退1
15. 车二进七　车9平7
16. 兵九进一　炮3平5
17. 炮九平一　士6退5
18. 兵九进一　马1退3
19. 马八进七　马3进4
20. 车八平六　马4进6
21. 马七退五　车5退2
22. 车六进六　车5进3
23. 车六进三　将5平4
24. 相三进五　车7平9
25. 炮一进一　马7进5
26. 兵一进一？　马5进3
27. 相五进七　马3退1
28. 炮一退二　车9平6
29. 马一进二？　车6进7
30. 车二退一　马1进3
31. 马二进三　马3进5
32. 炮一进三　车6进3
33. 车二进三　士5退6
34. 马三退一　车6平2
35. 车二平四　将4进1
36. 车四退一　将4退1

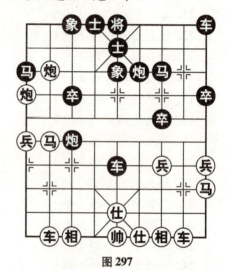

图 297

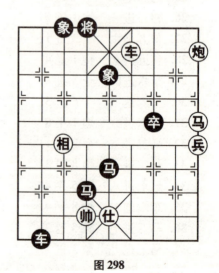

图 298

37. 仕五进六　马5进4　　　　**38.** 帅五平六　车2进6

39. 帅六进一　车2退1　　　　**40.** 帅六退一　马7进6！

41. 仕四进五　车2进1　　　　**42.** 帅六进一　马6退5（图298）

第150局　吕钦胜洪智

1. 兵七进一　炮2平3　　　　**2.** 炮二平五　象7进5

3. 马八进九　马2进1　　　　**4.** 车九平八　车1进1

5. 马二进三　卒1进1　　　　**6.** 车一平二　车1平4

7. 兵五进一　车4进5　　　　**8.** 炮五进四　士6进5

9. 炮八平五　车4平7

10. 马三进五　马8进6（图299）

11. 兵五进一　马6进5

12. 马五进四　车7平6

13. 炮五进四　车9平6

14. 相七进五　后车进3

15. 车二进六！前车平1

16. 马九退七　车1平3

17. 马七进八　马1进2

18. 兵七进一！马2进1？

19. 兵七平六　卒1进1

20. 马八进九　马1进3

21. 车八进二　车3平4

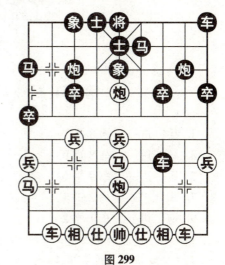

图299

22. 炮五平六！车4平6　　　**23.** 马九进七　卒1进1

24. 仕六进五　卒1平2　　　**25.** 车八退一　炮3平2

26. 车八平七　卒2进1　　　**27.** 车七平九　炮2平4

28. 炮六平五　前车平2　　　**29.** 仕五退六　卒2进1

30. 车九进一　马3进2　　　**31.** 车九平七　马2退4

32. 仕四进五　炮4平1　　　**33.** 车七平九　炮1平3

34. 车九平六　卒2平3　　　**35.** 兵六进一　炮3平2

36. 兵六进一　将5平6　　　**37.** 马七退九！炮2平1

38. 车二进一　车2退2　　　**39.** 车二进二　将6进1

40. 兵六进一　车2平1　　　**41.** 兵六平五　士4进5

42. 车六进六　车6平5　　　**43.** 车二退一（图300）

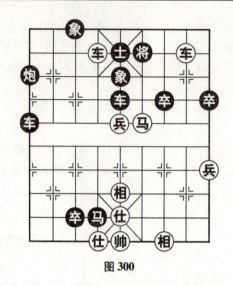

图 300

第 151 局　孙勇征负许银川

1. 兵三进一　炮 8 平 7　　　　2. 炮八平五　象 3 进 5

3. 马二进一　马 8 进 9　　　　4. 车一平二　车 9 进 1

5. 兵一进一　车 9 平 6　　　　6. 马八进七　士 4 进 5

7. 车九平八　马 2 进 1　　　　8. 兵五进一　车 6 进 4

9. 炮二进五　车 1 平 2　　　　10. 兵五进一　卒 5 进 1

11. 车八进五　卒 5 进 1（图 301）

12. 马一进二　炮 2 平 4

13. 车八平六　马 1 退 3！

14. 马二进三　车 6 平 7

15. 马三进一　炮 7 进 7！

16. 仕四进五　炮 4 平 8

17. 车六进三　马 3 进 1

18. 车二进七　炮 7 平 9

19. 帅五平四　车 2 进 4

20. 车二进一　车 2 平 6

21. 炮五平四　车 7 进 4

22. 帅四进一　车 6 平 7

23. 炮四平五　后车平 6

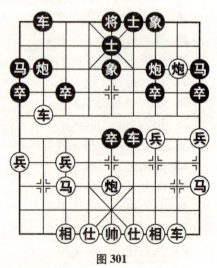

图 301

24. 仕五进四　车7退1　　　25. 帅四退一　车6进3
26. 帅四平五　车6平7!　　　27. 马一进三　后车退6
28. 车二平三　车7进1　　　29. 帅五进一　车7退8
30. 车六平九　炮9平3　　　31. 帅五平六　车7进6
32. 车九进一　士5退4
33. 车九平六　将5进1
34. 炮五平六　卒5进1
35. 车六退二　炮3退3
36. 仕六进五　马1退3
37. 车六退三　卒3进1
38. 炮六平四　卒5平6
39. 炮四平六　车7平5
40. 车六退一　卒3进1
41. 车六平四　马3进4
42. 兵九进一　象5退3
43. 仕五退四　马4进5
44. 车四平六　炮3平2（图302）

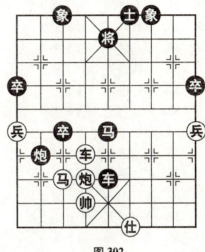

图302

第152局　于幼华胜陶汉明

1. 兵七进一　炮2平3　　　2. 炮二平五　象7进5
3. 马八进九　马2进1
4. 车九平八　车1进1
5. 马二进三　车1平6
6. 炮五进四　士6进5
7. 炮五平九　车6进3
8. 兵九进一　马8进9
9. 兵一进一　车9平8
10. 相三进五　炮8平7!
11. 炮八平六　车8进6（图303）
12. 仕四进五　车8平7
13. 马九进七　车7平8
14. 马七进五　车6平5
15. 炮六进一　车8退6

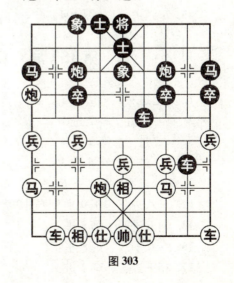

图303

16. 马三进四　炮3进3
18. 炮六平七！车8平9！
20. 车八进四　炮4退3
22. 炮九退一！卒7进1
24. 炮七进四　炮7平3
26. 车八进三　炮3退1
28. 车八进一　车5平1
30. 马四进五　士4进5
32. 马五进六　马1退3
33. 马六进七　马8退6
34. 车二进六　马6退4
35. 炮三进八！士5进6
36. 车二平六　车1退2
37. 炮二退四　卒3进1
38. 炮三平五　士6退5
39. 帅五平四　将5平4
40. 炮五平六　将4平5
41. 炮六退二　卒3进1
42. 相五进七　车1平3
43. 炮六平九　士5退4
44. 炮九平七！车3进3
45. 车六进一！（图304）

17. 马四退二　车8进5
19. 车一平二　炮3平4
21. 马二退四　卒9进1
23. 炮九平三　炮4平3
25. 炮三退五　马9进8
27. 兵九进一！士5退6！
29. 马五进六　车9平4
31. 马六进七　车4退4

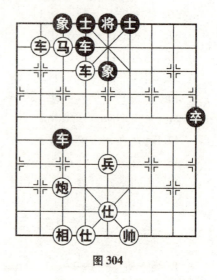

图304

第153局　柳大华负王跃飞

1. 兵七进一　炮2平3
3. 马八进九　马2进1
5. 马二进三　车1平4
7. 仕六进五　车4进3
9. 炮八进六！炮8平6
11. 车八进三　车9平8（图305）
13. 炮五进四　马8进7
15. 炮八平六　炮3平4
17. 相三进五　卒7进1

2. 炮二平五　象7进5
4. 车九平八　车1进1
6. 车一平二　士6进5
8. 车二进四　卒1进1
10. 兵五进一　马8进7
12. 车二进五　马7退8
14. 车八平五　车4平2
16. 炮五平六　象5退7！
18. 后炮退四　马7进6

194

19. 车五平六　象7进5
20. 后炮进五　炮6平4
21. 炮六平九　马1退3!
22. 车六平四　马3进4
23. 马九进七　象5退7!
24. 车四进一　炮4平6
25. 车四平二　马6进7
26. 车二进二　马4进6
27. 兵七进一　车2进2
28. 马七进六　马6进4
29. 炮九平六　马4进5
30. 相七进五　马7进5
31. 仕五进六　马5进7
32. 帅五平六　卒3进1
33. 炮六退二　炮6平4!
34. 兵五进一　卒3进1
35. 炮六平五　象3进5
36. 马三进五　卒3进1
37. 车二平三　将5平6
38. 车三平四　士5进6
39. 仕四进五　车2进3
40. 帅六进一　马7进5
41. 炮五平六　卒3平4
42. 马五进四　马5退3
43. 仕五进四　车2平5!
44. 车四进一　炮4平6
45. 马四进三　将6进1

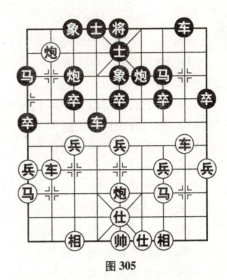

图 305

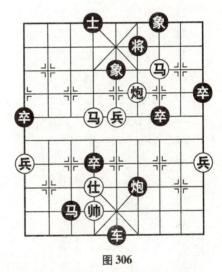

图 306

46. 炮六平四　炮6进5（图306）

第154局　徐天红负陶汉明

1. 兵七进一　炮2平3
2. 炮二平五　象7进5
3. 马八进九　马2进1
4. 车九平八　车1进1
5. 兵九进一　车1平4
6. 马二进三　车4进3
7. 车一平二　卒1进1
8. 兵九进一　车4平1

195

9. 马九进八　马8进6

10. 车二进四　士6进5

11. 炮八平九　车1平2

12. 马八退七　车2进5

13. 马七退八　炮8平7（图307）

14. 炮九进四!　卒7进1

15. 马八进七　卒3进1

16. 马三退五　炮3进3

17. 车二平四　车9进1

18. 马七进八　炮7进4

19. 相七进九　炮3进3

20. 马五进七　炮3平7

21. 马七退五　卒7进1

22. 车四退二　卒5进1!

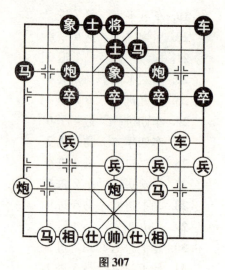

图 307

23. 炮五平七　士5进4

24. 马八退六　士4进5

25. 车四平三　前炮平9

26. 马六进五　车9平7

27. 炮九退一　卒7平8

28. 车三平一　炮9平7

29. 车一退一　后炮平8

30. 炮七平三　车7进5!

31. 车一平三　炮8平5

32. 后马进四　炮5退1!

33. 车三平四　车7进1

34. 马四进二　车7平1

35. 车四进七　车1退3

36. 车四平一　象5退7

37. 车一退二　将5平4

38. 车一平三　象7进5

39. 车三平二　象5退7

40. 车二平六　卒3进1!

41. 马五退七　车1平5

42. 马七退六　炮5退3

43. 马二进三　马1进2

44. 车六平八　炮5进4

45. 马六进五　车3进3

46. 帅五进一　车3进1

47. 帅五退一　马2进4（图308）

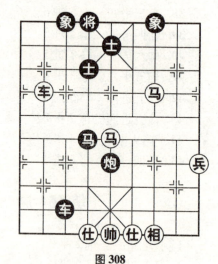

图 308

第155局 赵鑫鑫负陶汉明

1. 兵七进一　炮2平3　　　　2. 炮二平五　象7进5

3. 马八进九　马2进1　　　　4. 马二进三　车1平2

5. 车九平八　车2进4　　　　6. 车一平二　马8进6

7. 炮八平六　车2平4　　　　8. 仕六进五　士6进5

9. 炮六退二　车9平8　　　　10. 炮五平六　车4平6

11. 相七进五　炮8平7　　　　12. 车二进九　马6退8

13. 车八进三　卒7进1（图309）

14. 前炮进四　卒1进1

15. 兵五进一？卒9进1

16. 前炮退四　马8进9

17. 相三进一　车6平2

18. 马九退七　马9进8

19. 兵三进一　卒7进1

20. 相一进三　马8退6

21. 马三进四　车2平6

22. 马七进六　炮3进3！

23. 马四退三　车6进2

24. 相三退一　炮3进2

25. 相一退三　车6进2！

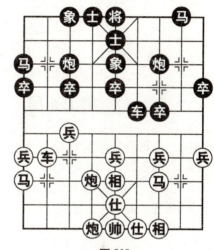

图309

26. 马三进四　马6进5　　　　27. 车八退一　炮3退1

28. 后炮进一　象5进7　　　　29. 相三进一　车6退2

30. 马四进五　炮7平5　　　　31. 马六进四　炮3退2

32. 前炮平七　士5进4　　　　33. 相一退三　炮3平5

34. 炮七进七　士4进5　　　　35. 炮七平九　车6退1

36. 车八进七　士5退4　　　　37. 车八退一　士4进5

38. 马五退三　士5进6！　　　39. 马三退五　车6平5

40. 炮六平八　车5平3　　　　41. 帅五平六　车3平4

42. 帅六平五　车4退1　　　　43. 炮八进五　车4平2

44. 帅五平六　后炮进1！　　　45. 车八进一　将5进1

46. 车八退二　后炮平2　　　　47. 车八平九　车2平4

48. 帅六平五　将5平4（图310）

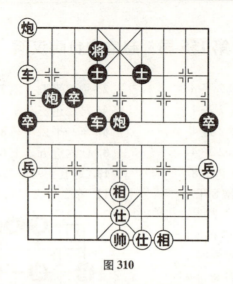

图 310

第 156 局　柳大华负陶汉明

1. 兵七进一　炮 2 平 3
2. 炮二平五　象 7 进 5
3. 马八进九　马 2 进 1
4. 车九平八　车 1 进 1
5. 兵九进一　车 1 平 4
6. 马二进三　车 4 进 3
7. 炮五进四　士 6 进 5
8. 相三进五　卒 1 进 1!
9. 兵九进一　车 4 平 1
10. 炮五退二　卒 9 进 1
11. 兵三进一?　卒 7 进 1
12. 兵三进一　车 1 平 7
13. 车八进一　马 8 进 7（图 311）
14. 车八平四　卒 3 进 1
15. 兵七进一　车 9 进 3!
16. 仕四进五　车 7 平 3
17. 车一平二　炮 8 退 2
18. 炮八平六　炮 8 平 6
19. 车四进七　马 1 进 2
20. 马三进四?　车 3 平 5
21. 马四退三　马 2 进 4
22. 炮五平三　车 5 平 3
23. 兵五进一　马 4 进 2

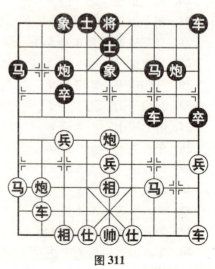

图 311

24. 车二进三	马2进1	25. 马三进五	炮3退1
26. 车四退六	马7进6	27. 炮三平四	马6退4
28. 炮四平二	马1进3	29. 炮二进五	炮6进1
30. 炮六进七	马4退6！	31. 车四平二	将5平4
32. 马五进三	车9平4	33. 马九退八	马3退2
34. 炮二平一	炮6平8	35. 前车平八	马2退4
36. 仕五进六	车3进4	37. 仕六进五	马4退3
38. 车八进一	炮3平1		
39. 马八进九	车3退1		
40. 马九退八	车3退1		
41. 兵五进一	炮1进8		
42. 马八进九	车3进3		
43. 仕五退六	车3退2		
44. 仕六进五	马3进4		
45. 车八退一	车3平1		
46. 兵五进一	车4进2		
47. 车八平七	车1平2		
48. 兵五平四	车2进2		
49. 仕五退六	车2退3		
50. 车七退三	马4进2（图312）		

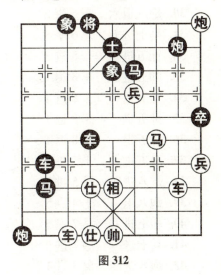

图 312

第 157 局　王天一胜阎文清

1. 兵七进一	炮2平3	2. 炮二平五	象7进5
3. 马八进九	马2进1	4. 车九平八	车1进1
5. 兵九进一	车1平4	6. 马二进三	士6进5
7. 车一平二	马8进6	8. 车二进四	车4进3
9. 炮八进六！	炮3退1	10. 炮五平四	卒1进1
11. 兵九进一	车4平1	12. 相三进五	卒7进1（图313）
13. 车八进一	炮8退2	14. 车八进六	炮8平7
15. 炮四退一！	炮7进2	16. 车八退一	车1平6
17. 炮四平九	炮3平4	18. 炮九进六	炮7平1
19. 车八平七	炮4进6	20. 马三退二	车9平8
21. 车二进五	马6退8	22. 车七平五	马8进7

23. 车五平六　炮4平2
24. 车六平三　炮2退1
25. 兵三进一　卒7进1
26. 车三退二　炮2平9
27. 马二进三　炮9进3
28. 仕四进五　卒9进1
29. 马九进七　马7进5
30. 炮八退六　车6进2
31. 马七进五　车6平8
32. 仕五进六　车8进3
33. 帅五进一　车8退1
34. 帅五退一　车8进1
35. 帅五进一　车8退1
36. 帅五退一　车8退1
37. 马五进六　士5进4
38. 炮八进四　马5进7
39. 炮八退一　士4进5
40. 相七进九　马7退5
41. 兵七进一　炮1进4
42. 炮八进四　象3进1
43. 马六退八！马5进3
44. 马八退九　马3进2
45. 帅五平四　炮9退2
46. 马九进八　马2进3
47. 马八进九　炮9平7
48. 炮八退三！士5进6
49. 马九进七　将5平4
51. 车三进四（图314）

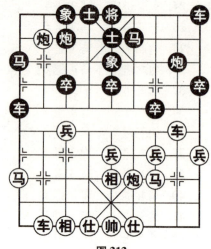

图313

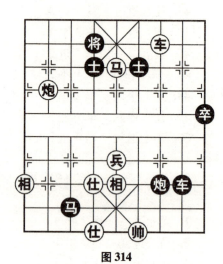

50. 马七退五　将4进1

图314

第158局　赵国荣胜陶汉明

1. 兵七进一　炮2平3
2. 炮二平五　象7进5
3. 马八进九　马2进1
4. 车九平八　车1进1
5. 马二进三　车1平4
6. 兵九进一　士6进5

7. 马九进八 车4进4

8. 马八进九 车4平3

9. 炮八进六 炮3退1

10. 炮五进四 马8进6

11. 炮五退二 卒7进1（图315）

12. 兵九进一 车3进4!

13. 车八平七 炮3进8

14. 仕六进五 马6进5

15. 车一平二 炮8平7

16. 车二进六 马5进6

17. 马三退一 车9平6

18. 炮八退六 炮7进4

19. 炮八平七 炮3退1

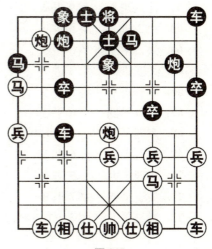

图 315

20. 马九进七 炮7退1!

21. 马一进二 炮7平5

22. 兵五进一 马6进8

23. 车二退三 车6进4

24. 车二平九 车6平3

25. 炮七平一 卒7进1

26. 马七退五 车3平8

27. 兵九进一 马1退2

28. 车九平七 炮3平1

29. 车七平八! 车8平1

30. 车八进六 炮1退5

31. 马五进七 炮1退1

32. 车八退五 卒9进1

33. 兵五进一 车1平5

34. 车八平三 炮1进4

35. 炮一平五 炮1平5

36. 车三平六 车5平7

37. 车六平五 炮5平6

38. 车五进二 车7进5

39. 马七进九 车7退2

40. 马九退八 炮6退5

41. 炮五平四! 车7退1

42. 车五平一 炮6平8

43. 车一平二 车7平2

44. 车二进二 车2退3

45. 车二退三 卒3进1

46. 车二平一 卒3进1

47. 兵一进一 卒3平4

48. 车一平六 卒4平5

49. 车六平五 卒5平6

50. 兵一进一 卒6进1

51. 炮四平六 车2平3

52. 车五退一 车3平8

53. 炮六退二 象5退7

54. 车五进一 象7进5

55. 兵一平二 车8平6

56. 车五退一 车6平3

57. 炮六进二 车3进6

58. 仕五退六 车3退6

59. 炮六平一 车3进4

60. 炮一进二 车3平8

61. 炮一平二 车8平9

62. 仕六进五　车9退2
63. 兵二进一　象5进7
64. 兵二平三　卒6平5
65. 兵三进一　象3进5
66. 兵三进一　将5平6
67. 车五平四　将6平5
68. 车四平五　将5平6
69. 车五平四　将6平5
70. 车四平九　士5进6
71. 兵三平四　象7退9
72. 炮二平五（图316）

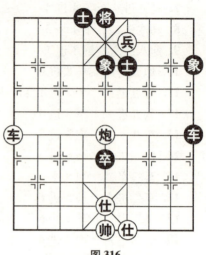

图316

第159局　黄竹风负许银川

1. 兵七进一　炮2平3
2. 炮二平五　象7进5
3. 马八进九　卒7进1
4. 马二进三　马8进7
5. 车九平八　车9平8
6. 车一平二　马2进1
7. 炮八进四　士6进5
8. 炮八平五　车1进1
9. 车八进五　马7进5
10. 炮五进四　车8平7
11. 马九进七　车7进3
12. 车八平五　卒3进1（图317）
13. 兵七进一！车1平2
14. 马七进五　车2进2
15. 马五进三　炮8进1！
16. 兵七平八　车2平3
17. 兵八平七　车3平2
18. 兵七平八　车2平3
19. 兵八进一　车3平2
20. 炮五平二　车7平8
21. 车二进六　车2平8
22. 前马退五　马1进3！
23. 车五平六　炮3进7

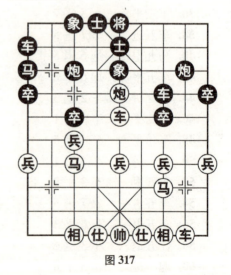

图317

24. 仕六进五　马3进2
25. 车六进一　车8进4
26. 车六退二　马2进3
27. 车六退二　马3退1
28. 马五进六　炮3退7
29. 车六平九　士5进4
30. 车九进一　车8平7
31. 车九进三　士4进5
32. 马六退五　车7平2
33. 车九退六　炮3退1
34. 车九平七　炮3平1
35. 车七平九　炮1平3
36. 车九平七　炮3平1
37. 车七平九　炮1平3
38. 马五进四　车2平7
39. 车九进八　炮3进1
40. 马四退六　炮3平1
41. 马六进八　将5平4
42. 马八进七　炮1平3
43. 车九退二　车7进2
44. 车九平七　炮3平2
45. 车七平八　炮2平3
46. 车八平七　炮3平2
47. 车七平一　车7退3
48. 马七退八　炮2平1
49. 马八退七　炮1进3
50. 兵一进一　车7退2
51. 车一退一　车7退1
52. 马七进五　车7进3
53. 车一平二　炮1平6!
54. 马五退七　炮6平7
55. 车二退一　炮7退5
56. 仕五进六　车7平9
57. 车二平三　炮7平5
58. 帅五平六　象5进3
59. 帅六平五　象3进5
60. 仕四进五　将4进1
61. 车三平二　炮5平3
62. 车二平五　将4退1
63. 车五平二　将4平5
64. 车二平五　车9平7
65. 马七进五　炮3平4
66. 马五退七　车7进3
67. 仕五退四　车7退6
68. 兵一进一　车7平2
69. 仕四进五　车2进6
70. 仕五退六　车2退5
71. 帅五平四　车2退1
72. 兵一平二　炮4平1
73. 马七进五　车2平6
74. 帅四平五　车6进1
75. 兵二进一　车6平8
76. 兵二平三　车8进5
77. 帅五进一　车8平4
78. 马五退七　车4平6
79. 车五进二　炮1平3
80. 马七进五　炮3平4
81. 马五退三　车6退3
82. 车五退二　炮4进7
83. 帅五进一　炮4平2
84. 车五平八　炮2平1
85. 车八平九　炮1平2
86. 车九平八　炮2平1
87. 车八平九　炮1平2
88. 车九平八　炮2平1
89. 兵三平四　炮1退6
90. 兵四平五　炮1平4
91. 车八平五　象5退7

92. 马三进四　象3退5

93. 马四退三　象5进7

94. 马三进一　士5退6

95. 前兵平六　炮4平5!

96. 马一退三　车6退3

97. 兵六进一　将5平4

98. 马三退四　车6平4!

99. 马四进二　车4退1

100. 马二进三　象7进5

101. 车五平四　象5进7

102. 帅五平四　车4平5

103. 车四进五　将4进1（图318）

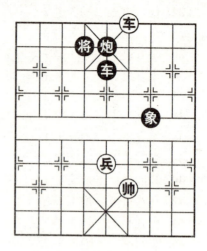

图 318

第六章 其他变例

第 160 局 胡荣华胜蒋川

1. 兵七进一   炮 2 平 3   **2.** 炮二平五   象 3 进 5

3. 马二进三   车 9 进 1   **4.** 马八进七   车 9 平 2

5. 车一平二   马 2 进 4   **6.** 马三退五   马 8 进 9

7. 车九平八   卒 9 进 1   **8.** 炮八进四   士 4 进 5

9. 车二进四   卒 1 进 1   **10.** 炮五平六！卒 1 进 1？

11. 车二平六！炮 8 退 1（图 319）

12. 炮六进六   炮 8 平 4

13. 炮八平五   车 2 进 8

14. 马七退八   炮 4 退 1

15. 马八进七   卒 1 进 1

16. 马七进八   马 9 进 8

17. 马八进七   马 8 进 7

18. 马五进四   炮 4 平 3

19. 兵七进一   马 7 退 6

20. 车六进一   马 6 进 5

21. 车六退二   马 5 退 6

22. 仕六进五   车 1 平 2

23. 车六平九   前炮进 2

24. 车九进二   将 5 平 4

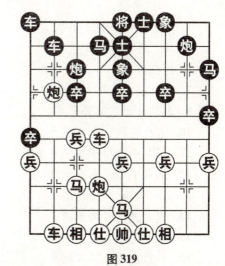

图 319

25. 马四进五   车 2 进 2

26. 炮五平六   车 2 平 3   **27.** 车九平七   炮 3 进 3

28. 车七退二！炮 3 进 1   **29.** 炮六退五！炮 3 退 1

30. 炮六进一   象 5 退 3   **31.** 车七平六   将 4 平 5

32. 炮六平五   炮 3 平 2   **33.** 帅五平六   炮 2 退 4

34. 马五进四！（图 320）

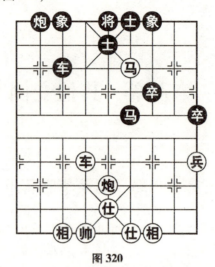

图 320

第 161 局　阮成保胜赵国荣

1. 兵七进一　炮 2 平 3

2. 炮二平五　象 3 进 5

3. 马二进三　卒 3 进 1

4. 相七进九　卒 3 进 1

5. 相九进七　马 2 进 4

6. 车一平二　车 9 进 1

7. 马八进六　车 1 平 2

8. 车九进二　车 2 进 4

9. 车二进四　车 2 平 4？

10. 炮八进六！　士 4 进 5

11. 车九平八！　车 9 平 6　（图 321）

12. 炮八平七　车 6 进 3

13. 车八进七　士 5 退 4

14. 炮七进一　将 5 进 1

15. 炮七退一　将 5 退 1

16. 马六进八　马 8 进 9

17. 兵一进一　车 4 平 2

18. 车八平九！　车 6 平 4

19. 马八进九　卒 1 进 1

20. 马九进七！　炮 3 平 1

21. 炮七进一　将 5 进 1

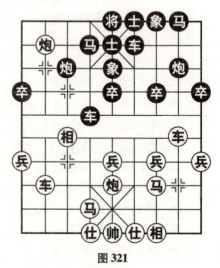

图 321

22. 车九退二 车2平3	**23.** 炮七平九 车4平8
24. 炮五进四！将5平6	**25.** 车二进一 车3平8
26. 车九平五 马4进5	**27.** 车五退一 车8平7
28. 相七退五 车7进2	**29.** 马三退五 车7平6

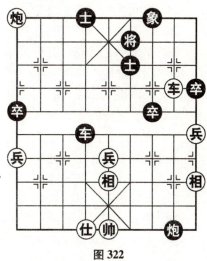

图 322

30. 马五进七 车6进3	
31. 帅五进一 车6退1	
32. 帅五退一 车6进1	
33. 帅五进一 车6退1	
34. 帅五退一 车6退3	
35. 车五平六 士6进5	
36. 马七进六 炮8进1	
37. 车六退一 卒7进1	
38. 车六进一 马9进7	
39. 车六平三 炮8进6	
40. 相三进一 车6平4	
41. 车三平四 士5进6	
42. 车四平二（图322）	

第 162 局　洪智胜卜凤波

1. 兵七进一 炮2平3	**2.** 炮二平五 象3进5
3. 马二进三 车9进1	
4. 马八进七 车9平2	
5. 车一平二 马2进4	
6. 炮八平九 马8进9	
7. 马七进六 卒9进1	
8. 炮五平六 士4进5	
9. 仕六进五 车1进1	
10. 相三进五 车2进3	
11. 车二进六 车1平2	
12. 兵三进一 卒3进1	
13. 兵七进一 前车平3	
14. 炮六退二！炮8平6（图323）	
15. 炮九平六 马4进3	

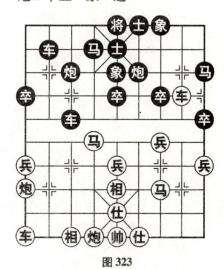

图 323

16. 马三进四　车3进4

17. 马六进五　炮3退2

18. 兵三进一　炮6进1!

19. 车二退二　卒7进1

20. 车九平八　车2进8

21. 后炮平八　车3平2

22. 马四进六　炮6进3

23. 炮八平九　炮6平1

24. 炮九进六　炮1进3

25. 炮六退二　炮1平4

26. 仕五退六　车2退4

27. 马六进七　马9进7

28. 车二平九　马7退6

29. 马五退四　炮3进1

30. 炮九进三　车2平1

31. 车九进一　马3进1

32. 马四进六　象5进3

33. 兵五进一　士5进4

34. 马七进九　马1退2

35. 炮九平八　士4退5

36. 兵五进一　马6进7

37. 兵五进一　马7进5

38. 仕四进五　马5进6

39. 马六进四　将5平4

40. 马九退七　象3退5

41. 兵五平六　将4平5

42. 兵六平七　马2进3

43. 马七进九!　马3退5

44. 兵七进一!　马5退3

45. 马九退七（图324）

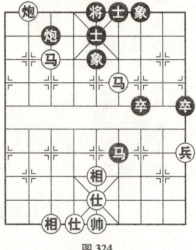

图324

第163局　张强负赵国荣

1. 兵七进一　炮2平3

2. 炮二平五　象3进5

3. 马二进三　车9进1

4. 马八进七　车9平2

5. 车一平二　马2进4

6. 炮八平九　马8进9

7. 车二进四　士4进5

8. 炮五平四　卒9进1

9. 相七进五　炮8平6

10. 马七进六　车1进1

11. 炮九平六　车2进7（图325）

12. 仕六进五　车1平2

13. 炮四退一　前车退1

14. 炮四平一　炮3平1

15. 炮六进六?　后车平4

16. 马六进七　车4进3

17. 马七进九　炮6平1

18. 兵三进一　卒1进1

19. 车九平六　车4进5
20. 仕五退六　炮1进4
21. 马三进四　炮1进3
22. 帅五进一　车2退1
23. 马四进六　车2退2
24. 马六进七　车2退1
25. 马七退六　车2进1
26. 马六进七　车2退1
27. 车二进四　车2进3
28. 马七退六　车2平4
29. 马六进八　车4平5
30. 炮一进四　车5平9
31. 炮一平四　车9平2

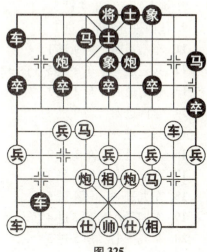

图 325

32. 马八进七　将5平4
33. 相五退七　车2平5
34. 相七进五　车5平4
35. 炮四退四　卒5进1
36. 车二平四　车4退5
37. 马七退八　炮1平6！
38. 车四平二　车4进5
39. 车二退一　卒5进1
40. 炮四进七　炮6退3
41. 相五退七　炮6退4！
42. 马八进七　象5退3
43. 炮四平二　炮6进1！
44. 相三进五　炮6平5
45. 炮二平四　车4进2
46. 帅五退一　车4进1
47. 帅五进一　车4退1
48. 帅五退一　卒5进1（图326）

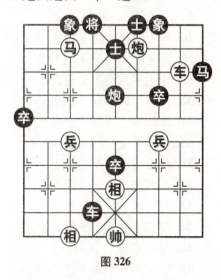

图 326

第 164 局　孙勇征负金波

1. 兵七进一　炮2平3
2. 炮二平五　象3进5
3. 马二进三　车9进1
4. 马八进七　车9平2
5. 炮八平九　马2进4
6. 马七进六　马8进9

7. 炮五平六　士4进5

9. 仕四进五？卒3进1

11. 车一平四　卒9进1

12. 兵三进一　车2进5（图327）

13. 相七退五　车2退1

14. 车四进四　马9进8！

15. 兵三进一　卒7进1

16. 马六进五　车1平2

17. 马五进七　炮8平3

18. 车九进一　马4进5

19. 车四平八　车2进4

20. 车九平七　马5进3

21. 炮六平七　炮3平1

22. 炮七进二　马8进7

23. 兵九进一　车2进1

24. 兵九进一　炮1进2

26. 车七进三　炮2退4

28. 车七平六　马3退5

30. 车七平六　车2退3

32. 车六平四　马3进2

34. 车四退二　卒7进1

36. 炮六平七　马2退4

38. 仕五进六　卒1进1

40. 车四进二　马7退5

42. 马三退五　车7平3

44. 车四平五　车3退3

46. 马三进二　车3平5

48. 车五平七　炮3进3

50. 仕六进五　马4进2

52. 炮五进一　卒7进1

54. 车四退一　卒7进1

56. 相五退三　卒7进1！

58. 相七进五　炮5平6！（图328）

8. 相三进五　卒3进1

10. 相五进七　车1进1

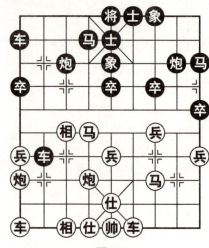

图327

25. 炮七平四　炮1平2

27. 炮九平六　炮2平3

29. 车六平七　马5进3

31. 车六进一　马7进9

33. 炮四平五　马9退7

35. 帅五平四　卒1进1

37. 炮七进一　卒1进1

39. 炮七进一　车2平7！

41. 炮七平五　卒7进1

43. 马五退三　车3进3

45. 车五平四　车3进3

47. 车四平五　车5平4

49. 车七平四　炮3平5

51. 马二进三　马2退3

53. 炮五退二　将5平4

55. 车四平八　象5退3

57. 帅四进一　炮5退1

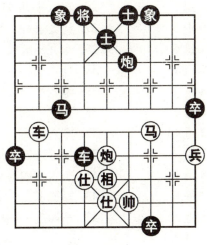

图 328

第 165 局　赵鑫鑫负吕钦

1. 兵七进一	炮 2 平 3	2. 炮二平五	象 3 进 5
3. 马二进三	车 9 进 1	4. 车一平二	车 9 平 2
5. 马八进七	马 2 进 4	6. 炮八平九	马 8 进 9
7. 马七进六	士 4 进 5	8. 炮九平六	车 1 进 1
9. 车二进五	卒 9 进 1！	10. 车二平四	车 2 进 4（图 329）

11. 马六进五　马 4 进 5
12. 炮五进四　车 1 平 2
13. 相七进五　前车退 1
14. 车四平八　车 2 进 3
15. 仕六进五　卒 1 进 1
16. 兵三进一　马 9 进 8
17. 兵九进一　炮 3 平 1
18. 兵七进一！卒 3 进 1
19. 兵九进一！车 2 退 1
20. 兵九进一　车 2 平 5
21. 兵九进一　车 5 平 2
22. 车九进四　马 8 退 6
23. 马三进二　马 6 退 4

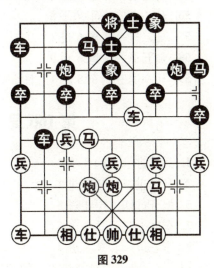

图 329

24. 车九平六	马 4 退 3	**25.** 车六平九	马 3 进 4
26. 炮六退二	象 5 退 3	**27.** 兵九进一	炮 8 退 1
28. 仕五进六	马 4 进 5	**29.** 车九平五	马 5 退 6
30. 兵九进一	卒 7 进 1	**31.** 仕六退五	象 3 进 5
32. 炮六进五	炮 8 平 7	**33.** 炮六平一	卒 7 进 1
34. 车五平三	马 6 进 7	**35.** 车三平六	马 7 进 8
36. 帅五平六	卒 3 进 1！	**37.** 车六进一	车 2 进 6
38. 帅六进一	炮 7 进 7	**39.** 仕五进四	炮 7 平 8！
40. 炮一平二	马 8 退 6！	**41.** 车六平四	马 6 退 8
42. 相五进七	车 2 平 6	**43.** 马二退三	车 6 退 1
44. 帅六退一	马 8 退 7	**45.** 车四进一	马 7 进 8
46. 车四退一	马 8 进 7		
47. 车四退二	炮 8 平 7		
48. 相七退五	车 6 进 1		
49. 帅六进一	车 6 平 1		
50. 车四进一	车 1 退 1		
51. 帅六退一	炮 7 平 6		
52. 车四平八	车 1 进 1		
53. 帅六进一	士 5 退 4		
54. 帅六平五	车 1 平 7		
55. 马三退一	车 7 退 1		
56. 马一进二	车 7 平 8		
57. 马二进一	炮 6 进 1		
58. 帅五退一	炮 6 平 9		
59. 马一退三	车 8 进 1 （图 330）		

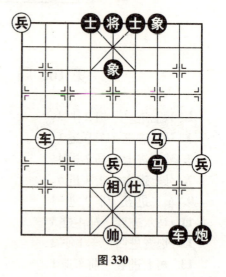

图 330

第 166 局　洪智负汪洋

1. 兵三进一	炮 8 平 7	**2.** 炮八平五	象 7 进 5
3. 马二进三	卒 7 进 1	**4.** 兵三进一	炮 7 进 5
5. 炮五进四	士 4 进 5	**6.** 车九进二	炮 7 退 1
7. 车九平三	马 8 进 6	**8.** 炮五退一	车 9 平 8！
9. 车三进一	车 8 进 7	**10.** 车一进二	车 8 平 9
11. 相三进一	马 2 进 3 （图 331）	**12.** 兵三平四	车 1 平 2

13. 兵七进一 炮2平1
14. 马八进七 车2进7
15. 马七进六 车2平4
16. 马六进七 炮1进4
17. 兵五进一 炮1进3
18. 仕四进五 车4平3!
19. 车三平九 车3进2
20. 炮五平六 车3退4
21. 车九退三 车3退2
22. 兵五进一 车3进3
23. 炮六进三 马6进7
24. 车九进四 车3平9
25. 车九平七 车9平4!

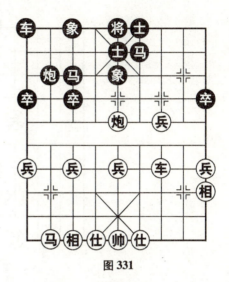

图331

26. 车七进三 车4退5
27. 车七进二 车4退1
28. 车七退三 马7进8
29. 车七平九 卒9进1
30. 车九退四 车4进6
31. 车九平二 卒9进1
32. 相一退三 车4平9
33. 仕五退四 车9平7
34. 相三进一 马8进6
35. 车二平四 卒9进1
36. 相一退三 马6退4
37. 车四平六 马4进2
38. 车六平七 卒9平8
39. 相三进一 车7平5
40. 仕四进五 马2退4
41. 车七平四 马4进6
42. 相一退三 卒8平7
43. 相三进五 车5退1
44. 相五退七 象5退7
45. 相七进五 士5退4
46. 相五退七 车5平8
47. 相七进九 马6退4
48. 相九进七 卒7平6
49. 车四退一 车8进2
50. 仕五退四 卒6平5
51. 仕四进五 车8平3
52. 车四进三 马4进6
53. 车四平三 士4进5
54. 兵五平六 车3平8
55. 车三退一 车8进2
56. 仕五退四 车8退4
57. 相七退九 车8平1!
58. 相九退七 车1平3
59. 相七进五 车3平6!（图332）

213

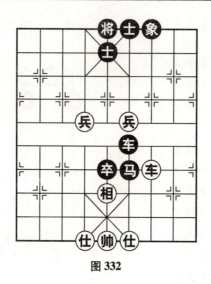

图 332

第 167 局　王天一胜赵鑫鑫

1. 兵七进一　炮2平3	2. 炮二平五　象3进5
3. 马二进三　车9进1	4. 相七进九　车9平4
5. 仕四进五　马8进7	6. 车一平二　炮8平9
7. 炮八平六　马2进1	8. 马八进七　车1平2
9. 车二进四　车4进5	10. 兵三进一　车2进4（图333）

11. 马三进四　车4平5

12. 炮六进五　车5退1

13. 马四退三！马1退3

14. 马三进五　车5平6

15. 兵七进一！车2平3

16. 车九平八　马7退5

17. 炮六退一　炮3平2

18. 炮六退五　马3退1

19. 炮六平七　车3平9

20. 车八进六　炮2平3

21. 兵一进一　车9进1？

22. 车二平一　炮9进3

23. 炮五进四　车6平5

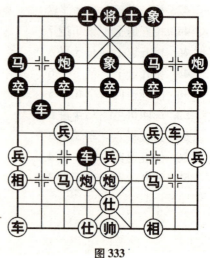

图 333

24. 车八平七　炮 3 进 5
25. 马五退七　马 1 进 2
26. 车七平八！车 5 退 1
27. 相九退七　卒 1 进 1
28. 炮五进二！士 6 进 5
29. 车八进一　卒 7 进 1
30. 车八退一　卒 7 进 1
31. 车八平一　炮 9 退 1
32. 相三进五　卒 7 平 6
33. 马七进八　车 5 平 2
34. 马八退六　卒 6 进 1
35. 马六进四　车 2 平 6
36. 马四退二　炮 9 平 8
37. 车一平三　车 6 平 3
38. 炮七平八　车 3 平 2
39. 炮八平七　车 2 平 3
40. 炮七平八　车 3 平 2
41. 炮八平七　士 5 退 6
42. 炮七进七　车 2 进 1
43. 马二退三　车 2 平 6
44. 车三平五　炮 8 平 7
45. 车五退一　卒 6 平 7
46. 马三进一　卒 7 平 8
47. 炮七退二　车 6 退 2
48. 炮七退四　车 6 平 3
49. 炮七进二　炮 7 退 3
50. 马一进二　车 3 进 1
51. 马二进三　车 3 平 5
52. 马三退五　炮 7 平 1
53. 炮七平五　将 5 进 1
54. 马五退七　象 5 进 3
55. 炮五进一　象 3 退 1
56. 马七进八　炮 1 退 1
57. 马八进七　炮 1 进 1
58. 炮五平八　将 5 平 6
59. 炮八进三　将 6 进 1
60. 马七退八　炮 1 退 1（图 334）

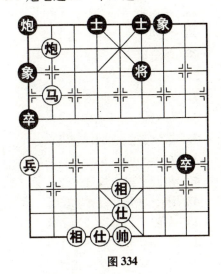

图 334

第 168 局　王天一负李鸿嘉

1. 兵七进一　炮 2 平 3
2. 炮二平五　象 3 进 5
3. 马二进三　车 9 进 1
4. 相七进九　车 9 平 2
5. 炮八平六　车 2 进 7
6. 车一进一　炮 8 进 6
7. 炮五退一　炮 3 平 2
8. 马八进六！车 2 平 4
9. 炮六平四！炮 8 退 5！
10. 车九平八　马 2 进 4
11. 车一平二　马 8 进 7（图 335）
12. 车二进五　车 1 平 2

13. 车八进六　卒7进1
14. 车二平三　士4进5
15. 兵三进一　卒7进1
16. 车三退二　炮2平4
17. 车八进三　马4退2
18. 车三退二　马2进4
19. 马三进四　车4退3
20. 马四进二　马7退8
21. 炮四进六!　车4平8
22. 马二进四　马8进9
23. 炮五平三　士5进6
24. 炮三进八　士6进5
25. 车三平一　马9退8!

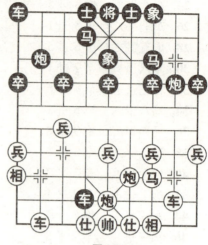

图 335

26. 炮四平六　象5退7
28. 车三退五　马8进9
30. 马四退三　马9进8
32. 车三平一　炮4进4
34. 仕六进五　车8退2
36. 车六进二　炮3进2
38. 车六平四　车8平4
40. 车四平二　炮3平2
42. 相七进九　马8进6
44. 车四平二　马8进6
46. 炮八平七?　炮2平1
48. 车二平五　马6退7
50. 帅六进一　车2退5
52. 车五平六　卒5进1
54. 车六进三　马7进6
56. 帅六退一　车2进1
58. 马二进三　将5进1
60. 车六平五　将5平6
62. 炮四退四　卒5进1!
64. 仕五进四　车2退1　（图336）

27. 车一平三　象7进5
29. 相三进五　车8进1
31. 相九退七　马8进9
33. 车一平六　炮4平3
35. 马三退四　马9进7
37. 兵五进一　马7退6
39. 炮六平八　马6退8
41. 炮八退六　炮2进1
43. 车二平四　马6退8
45. 相五进三　车4平2
47. 帅五平六　卒5进1
49. 相三退一　车2进5
51. 马四进三?　炮1平5
53. 马三进二　卒5进1
55. 炮七进四　车2进4
57. 帅六进一　士5进4
59. 车六进一　马6进4
61. 炮七平四　士6退5
63. 车五平二　马4进6

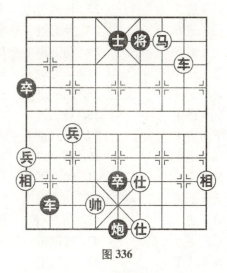

图 336

第 169 局　金波负许银川

1. 兵七进一　炮 2 平 3
2. 炮二平五　象 3 进 5
3. 马二进三　车 9 进 1
4. 车一平二　车 9 平 2
5. 马八进七　马 2 进 4
6. 炮八平九　马 8 进 9
7. 马七进六　士 4 进 5
8. 炮九平六　车 1 进 1
9. 仕六进五　车 2 进 4
10. 车二进四　车 1 平 2
11. 相七进九　卒 9 进 1
12. 炮五平四　炮 8 平 6
13. 相三进五　前车退 1（图 337）
14. 车九平七　炮 3 退 2!
15. 车七进三　炮 3 平 4
16. 相九退七　前车平 8
17. 车二进一　马 9 进 8
18. 马六进四　车 2 进 3
19. 兵七进一?　车 2 平 3
20. 车七进二　卒 3 进 1
21. 炮四进五　炮 4 进 7
22. 仕五进六　士 5 进 6
23. 兵三进一　卒 5 进 1

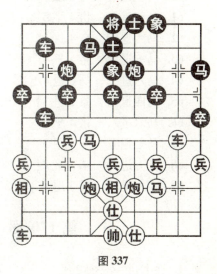

图 337

24. 马三进二　马4进5	25. 仕四进五　卒1进1
26. 马四退三　马8进6	27. 兵五进一　卒5进1
28. 马三进五　士6进5	29. 马五退七　马5进4
30. 兵九进一　卒1进1	31. 马七进九　马4进6
32. 马二退一　后马进4	33. 马一进三　马4退5
34. 兵一进一　卒9进1	35. 马三进一　马5进7
36. 马九进八　卒7进1	37. 马八进七　将5平4
38. 马七退六　马7退5	39. 马一进二　卒7进1
40. 帅五平六　卒7平6	41. 帅六平五　马6进7
42. 帅五平四　马5退7	43. 马六退四　后马进5
44. 马二进三　象5进7	45. 马三退二　象7进5
46. 帅四进一　马7退6	47. 帅四退一　马6退8
48. 帅四平五　马8进7	49. 马二退一　马5进6
50. 马四进六　马6进7	51. 帅五平六　后马退5
52. 马一退三　马5进3	53. 帅六进一　卒6进1
54. 马三退四　马7退8	55. 马六退五　马8进9
56. 马四进二　卒6平5	
57. 相五退三　卒3进1	
58. 马二进三　马9退7	
59. 马五进六　卒3平4	
60. 马三进五　马7退6	
61. 马五进七　将4平5	
62. 马六退四　卒4进1	
63. 马七退六　将5平4	
64. 马六进七　马6退4	
65. 马四退六　象5进3!	
66. 马六进八　将4平5	
67. 马七退五　卒4平3	
68. 仕五进四　卒3平2!	
69. 帅六平五　马3退4（图338）	

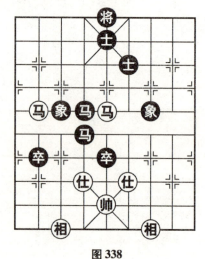

图338

第170局　王天一胜申鹏

1. 兵七进一　炮2平3	2. 炮二平五　象3进5

3. 马二进三 车9进1
4. 相七进九 车9平4
5. 仕六进五 马2进1
6. 炮八平六 车1平2
7. 马八进七 士4进5
8. 车一平二 马8进9
9. 车二进四 卒9进1
10. 马七进六 马9进8！
11. 车二进一 车4进4
12. 炮五进四 炮8平7
13. 相三进五 车2进6（图339）
14. 相九退七 车4退2
15. 炮五退二 卒7进1
16. 车二平三 车4平5
17. 车三退一 马1退3
18. 兵一进一 卒9进1
19. 炮五平一 炮3平1
20. 炮一退一 卒1进1！
21. 车九进二 卒1进1
22. 车九平七 卒1进1
23. 兵五进一 车2退2

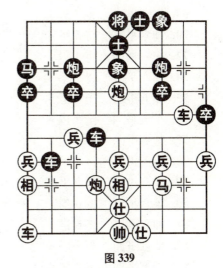

图339

24. 炮一平九 车2进2
25. 炮九进二 马3进4
26. 炮九进一 车2退3
27. 炮九退二 卒3进1
28. 兵五进一！ 车5进1
29. 兵七进一 马4进5
30. 兵七平六 车5退1
31. 车七进二 马5进4
32. 仕五进六 车2进1
33. 车三平五 车5平1
34. 马三进五 车2平4
35. 炮九进三 炮7平1
36. 车五进三！ 象7进5
37. 马五进六 车1平4
38. 马六退四 车4进4
39. 马四进三 车4退5
40. 车七平九 炮1平2
41. 兵三进一 炮2平1
42. 车九进一 炮1平2
43. 车九平八 车4平3
44. 仕四进五 车3平4
45. 马三进一 将5平4
46. 马一进三 象5退3
47. 马三退二 象3进5
48. 车八进一 炮2平1
49. 相七进九 炮1进2
50. 车八进三 将4进1
51. 车八退四 炮1退1
52. 马二进三 象5退7
53. 车八进一 炮1退1
54. 马三退四 车4平7
55. 马四退五 象7进9
56. 马五进七 将4退1
57. 车八进三 将4进1

58. 马七进五　车7平5

59. 马五退六　车5平3

60. 车八平九　炮1平2

61. 车九退二！将4退1

62. 马六进五　车3平5

63. 马五退七　炮2平4

64. 车九进二　将4进1

65. 帅五平六！士5进6

66. 车九平四　将4平5

67. 车四平一　车5进2

68. 车一退一　将5进1

69. 马七进六　车5平4

70. 帅六平五　车5平4

71. 车一退一　车4平6

72. 车一退四　将4退1

73. 车一平六　将4平5

74. 车六平五　将5平4

75. 相五进七　士6退5

76. 车五平六　士5进4

77. 帅五平六　车6退2

78. 兵三进一　将4平5

79. 兵三进一　将5平6

80. 车六平五　将6退1

81. 帅六平五　将6进1

82. 仕五进四　车6平8

83. 车五平四　车8平6

84. 兵三平四　车6平8

85. 兵四平五（图340）

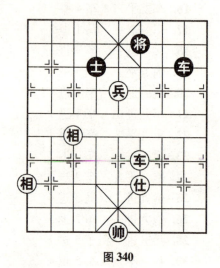

图 340